本书系中共山东省委党校（山东行政学院）
重大项目攻关创新科研支撑项目成果

王 萍 著

《后汉书》李贤注训诂研究

中国社会科学出版社

图书在版编目（CIP）数据

《后汉书》李贤注训诂研究 / 王萍著 . -- 北京：中国社会科学出版社，2024. 6. -- ISBN 978-7-5227-3766-9

Ⅰ. K234.204.2

中国国家版本馆 CIP 数据核字第 20240D1A32 号

出 版 人	赵剑英
责任编辑	王小溪
责任校对	赵雪姣
责任印制	戴 宽

出　　版	中国社会科学出版社
社　　址	北京鼓楼西大街甲 158 号
邮　　编	100720
网　　址	http：//www.csspw.cn
发 行 部	010-84083685
门 市 部	010-84029450
经　　销	新华书店及其他书店

印　　刷	北京君升印刷有限公司
装　　订	廊坊市广阳区广增装订厂
版　　次	2024 年 6 月第 1 版
印　　次	2024 年 6 月第 1 次印刷

开　　本	880×1230　1/32
印　　张	8
插　　页	2
字　　数	183 千字
定　　价	56.00 元

凡购买中国社会科学出版社图书，如有质量问题请与本社营销中心联系调换
电话：010-84083683
版权所有　侵权必究

凡　例

一、本书所引《后汉书》及《后汉书》李贤注的相关内容，均以中华书局2012年出版的中华国学文库本《后汉书》为依据。

二、本书引文较多，为便于读者阅读，本书所引《后汉书》及《后汉书》李贤注的内容均采用文中注，在例句后用圆括号"()"标明所属篇目。其他引文采用页下注。

三、中华国学文库本《后汉书》采用通行简体字刊行，但为准确表达文义，保留了部分繁体字、旧体字、异体字。例如，用"馀"来表示"多出的""剩下的""其他的"，以便与人称代词"余"区别开来。对于这些字，本书在引用时也予以保留，不再改动。

四、中华国学文库本《后汉书》所提及的书籍、文章等均以波浪线"﹏﹏"替代书名号，书名与篇章名连写。为便于阅读，本书在引用时将"﹏﹏"改为书名号"《》"或单书名号"〈〉"，书名与篇章之间加"·"进行区分。中华国学文库本《后汉书》校勘记中指出应删改、增补的字，除特殊说明外，本书引用时均依校勘记，不再保留原书中的标记。

五、除去引自中华国学文库本《后汉书》的例文，本书其他引文根据所引书籍的版本情况进行处理，原书为简体字版的依书中原貌录之，原书为繁体字版的由作者改为简体字（个别因文义需要不便改为通行简体字的情况除外），无标点的由作者断句并添加相应标点。

六、为便于读者理解文义，本书在必要时会用圆括号"（）"标注引文中缺少的句子成分（如主语、人物姓氏等）。例如：

（延笃）少从颍川唐溪典受《左氏传》，旬日能讽之，典深敬焉。(《吴延史卢赵列传第五十四》)

（曹）操乃发石车击绍楼，皆破，军中呼曰"霹雳车"。(《袁绍刘表列传第六十四上》)

七、本书所引部分古籍在历史上有着约定俗成的简称，如《輶轩使者绝代语释别国方言》简称《方言》，《说文解字》简称《说文》等，本书在行文时为保证语言凝练，会在不影响文义的情况下采用这些简称，对此书中不再做特殊说明。

目 录

绪 论 ………………………………………………… 1

第一章 《后汉书》李贤注的训诂内容 ………… 10

第一节 注音 ……………………………………… 10

第二节 辨字 ……………………………………… 11

第三节 释词 ……………………………………… 19

第四节 分析语法 ………………………………… 27

第五节 说明修辞 ………………………………… 35

第六节 解句 ……………………………………… 39

第七节 考释名物、典章制度 …………………… 42

第八节 校勘 ……………………………………… 48

第九节 发凡起例 ………………………………… 56

第十节 指明文献出处 …………………………… 57

第二章 《后汉书》李贤注的训诂术语 ………… 59

第一节 注音术语 ………………………………… 59

第二节　释词解句术语 …………………………… 70
　　第三节　校勘术语 ………………………………… 90
　　第四节　破通假术语 ……………………………… 94

第三章　《后汉书》李贤注的训诂方法 ……………… 102
　　第一节　求义的方法 ……………………………… 103
　　第二节　释义的方法 ……………………………… 112

第四章　《后汉书》李贤注引《尔雅》、郭璞《尔雅注》
　　　　　补正 ……………………………………… 130
　　第一节　《后汉书》李贤注引《尔雅》、郭璞注概况 …… 131
　　第二节　《后汉书》李贤注引《尔雅》、郭璞注
　　　　　　补正 …………………………………… 134

第五章　《后汉书》李贤注引《说文解字》补正 ………… 162
　　第一节　李贤注引《说文》与今本《说文》
　　　　　　内容相同 ……………………………… 163
　　第二节　李贤注引《说文》与今本《说文》
　　　　　　存在差异 ……………………………… 165
　　第三节　李贤注引《说文》与今本《说文》
　　　　　　内容完全不同 ………………………… 178
　　第四节　李贤注引《说文》内容不见于今本
　　　　　　《说文》 ………………………………… 189

第六章 《后汉书》李贤注与现代辞书编纂
  ——以《汉语大词典》为例 …………… 200
  第一节 补充《汉语大词典》未收词语、义项 ……… 201
  第二节 提前《汉语大词典》引证时间 …………… 205
  第三节 补充《汉语大词典》书证 …………………… 215

第七章 《后汉书》李贤注训诂勘误 …………………… 224

参考文献 …………………………………………………… 242

绪　　论

一　《后汉书》与李贤注

《后汉书》是南朝宋著名史学家范晔（公元398—445年）所著的一部纪传体断代史书，全书共十纪，八十列传，记录了东汉王朝自汉光武帝建武元年（公元25年）至汉献帝建安二十五年（公元220年）之间的史事。《后汉书》规模宏大，简明周详，议论深刻，词采壮丽，备受后人推崇，与《史记》《汉书》《三国志》合称为"前四史"。

在范晔撰写《后汉书》之前，已经有多部记载东汉历史的史书流传于世，这些史书或为官修，或为私撰，写作水平良莠不齐，其中比较著名的有东汉官修史书《东观汉记》、三国时期吴国史学家谢承《后汉书》、三国时期吴国文学家薛莹《后汉记》、西晋史学家司马彪《续汉书》、西晋史学家华峤《汉后书》、东晋谢沈《后汉书》、东晋张莹《后汉南记》、东晋张璠《后汉纪》、东晋袁宏《后汉纪》、东晋袁山松（一作袁崧）《后汉书》等。

范晔《后汉书》以《东观汉记》为史料参考，以华峤《汉后书》为主要写作蓝本，博采众家之长，大胆创新，终成其稿。范晔《后汉书》问世后，社会影响逐渐扩大，后来甚至取代了官修史书《东观汉记》，成为东汉"正史"。随着时间的推移，包括《东观汉记》在内的众多记录东汉历史的史书多散佚不存，而范晔的《后汉书》一直流传至今，成为人们研究东汉历史必备的参考书籍。

范晔撰写《后汉书》时，原计划编写十纪，八十列传，十志，但他仅完成了纪、传部分，便获罪被杀。南朝梁人刘昭在为范晔《后汉书》作注时，曾将西晋史学家司马彪《续汉书》中的志收入其中一并作注，以弥补《后汉书》无志的缺憾。在后世流传过程中，有人为了阅读方便，将原本分别刊行的范晔《后汉书》和司马彪的"续志"进行了合刻，逐渐形成了今传本范晔《后汉书》。

范晔《后汉书》的编写体例承继了前代史书的纪传体制，同时又不乏创新之处。例如，司马迁《史记》将皇后归入"世家"，仅将吕太后归入"本纪"；而范晔基于东汉朝局多变且曾有六位皇太后临朝听政的现实情况，写成了《皇后纪》，具有较强的现实针对性。东汉王朝皇位更迭频繁，汉殇帝、汉冲帝、汉质帝均幼年早逝，并没有太多的史事可以记录，范晔借鉴了司马迁《史记·秦始皇本纪》中附加二世胡亥和亲王子婴行事的写法，将汉殇帝与汉和帝合纪，汉冲帝、汉质帝与汉顺帝合纪，如此安排既可以令篇幅更加紧凑，又不会遗漏史实，可谓一举两得。在列传方面，范晔根据东汉史实新创了党锢、宦者、文苑、独行、逸民、方术、列女七种类传，多为后世的纪传体史书所承袭。其中,列女传首开正史为女子独立立传的先例,其所选取的女性代表人物并不局限于传统观念中的贞妇烈女,而是多才行高秀者,这些女性人物的选取不仅相较于前代史书具有明显的进步性,甚至也是后世那些仅关注贞妇烈女的史书所难以超越的。

范晔《后汉书》在遵从儒家正统思想的同时,始终秉持实录精神,对勤政爱民、廉洁正直的官员士人进行了热情褒扬,对统治阶级的残暴行径进行了大胆批判,其中对于外戚、宦官等祸国殃民者的批判尤为强烈,不仅显示出范晔过人的胆量与气魄,同时也极大地提升了《后汉书》的思想深度和可读性。也正因如此,《后汉书》才成为一部不朽的史学名著,在后世闪烁着耀眼的光芒。

《后汉书》问世后,一度因范晔获罪被杀而沉寂无闻。直到南朝梁时,刘昭为《后汉书》作注后,《后汉书》才从众多"后汉"史书中脱颖而出,开始广泛流传。到了唐代,章怀太子李贤召集群贤为《后汉书》重新作注,这便是闻名于世的"李贤注",亦称"章怀注"。

李贤(公元654—684年),字明允,唐高宗李治第六子,武则天次子,自幼聪慧,喜好诵读诗赋,《旧唐书》《新唐书》有传,谥号"章怀",史称"章怀太子"。上元二年(公元675年)六月,李贤被立为皇太子,之后多次监国,深得唐高宗信任。与此同时,李贤的治国才能也引起了武后的猜忌,母子关系十分紧张,武后曾赐《少阳政范》《孝子传》给李贤,甚至亲自写信斥责李贤不懂为太子、为人子之道。调露二年(公元680年),李贤因谋逆罪被废为庶人,幽禁数年后流放巴州。文明元年（公元684年），李贤被逼自尽。

　　身负才华的李贤最终未能登上皇位，故而政治功绩并不多，集合群贤为《后汉书》作注，可以说是他短暂人生中的光辉时刻。李贤之所以要为《后汉书》作注，固然掺杂有个人喜好，但更多是出于政治原因。

　　一是维护封建统治的需要。唐初国力强盛，文化繁荣，统治者为维护专制统治，十分重视以史为鉴，贞观年间还在门下省设立了专门的史馆，由宰相负责监修史书，"二十四史"中有八部成书于唐代，足见当时修史风气之盛。李贤生于皇家，自幼接受封建正统教育，对于史学在巩固政权方面的重要作用有着深刻的认识。被立为太子后，李贤自然也希望自己能在史学方面有所建树，为将来执掌政权铺路。

　　二是巩固自身政治地位的需要。李贤被立为太子后，武后的权势却在不断扩张，这让李贤感觉到了潜在的威胁，与武后的权力争夺也日渐公开化。为了巩固自己的太子之位，李贤打算借为史书作注的机会招揽一批人才，以便培植自己的政治羽翼与武后抗衡。与此同时，李贤也希望史书注本完成后可以获得唐高宗的认可，从而进一步提升自己在朝中的威望和社会影响力。

　　在这样的历史背景之下，李贤刚登上太子之位就着手为史书作注，亦在情理之中。而李贤之所以要将范晔的《后汉书》作为注解对象，大概是由于当时社会上关于《汉书》《史记》等著名史著的研究颇盛，研究成果也非常丰富，要想在短期内取得更深入、更突出的研究成果非常困难，权衡之下，李贤才将目光移向了其他史著，最终选择了《后汉书》。据《旧唐书》记载，当时参加作注的人还有张大安、刘纳言、格希元、许叔牙、成玄一、史藏诘、周宝宁等，故而这部史注虽被后人称为"李贤注"，实际上是出自众人之手。

唐代距离《后汉书》成书已经过去了数百年，书中的许多语句在唐代文人看来已经不易理解，亟待新注出现以疏通文义。但刘昭注本偏重于史料考订与补充，并不能很好地解决人们阅读上的困难。因此，李贤等人在注解《后汉书》时选择了与刘昭不同的角度，侧重于文字训诂，兼顾史实。需要注意的是，因《后汉书》原本无志，故而李贤等人只为《后汉书》的本纪和列传部分作注。李贤等人的注本完成后，刘昭注本的通行度开始下降，后来逐渐散佚不传，仅存八篇志的注。李贤注则一直流传至今，成为我们今天能见到的关于范晔《后汉书》最古与最全的注本。从语言研究的角度来看，李贤注中包含非常丰富的语料信息，其中的训诂资料尤其值得我们进行仔细的研究和探讨。

二 李贤注相关研究情况

从目前可以查阅到的资料来看，学界关于《后汉书》李贤注的研究大约始于20世纪80年代，之后一直处于缓慢发展的状态，成果总量并不算丰富，尚未形成研究热潮。就研究成果的内容而言，主要集中在以下几个方面，现举例说明。

（一）关于李贤注的成书时间

周晓瑜在《李贤注〈后汉书〉起讫时间考》一文中，对学界关于李贤注《后汉书》起止时间的三种主要观点进行了分析，指出其中存在的错误，并且在分析《旧唐书》《新唐书》李贤本传及相关纪传的基础上，推定《后汉书》李贤注的撰写时间大致应为公元675年七月至公元677年一月。①

(二) 关于李贤注的创作背景

谢强在《李贤注〈后汉书〉的学术与政治因素》一文中，对李贤为《后汉书》作注的学术因素以及政治动因进行了分析，指出李贤注《后汉书》不仅仅是一种学术活动，更是一种服务于政治斗争的政治投资。②

(三) 关于李贤注的校勘

曹金华以《〈后汉书〉及注校勘拾遗》为题，发表一系列文章共计11篇，对《后汉书》及李贤注中18处值得商榷之处进行了分析，为李贤注研究提供了参考。刘萃峰在《〈后汉书〉李贤注所见唐代州县辑考》一文中，对李贤注中出现的唐代州县进行了梳理，并利用相关历史文献及考古材料对其进行考证，对其中的疑误之处进行了分析。③ 此外，还有学者对李贤注中引用的古籍资料进行了分析考证，如汪嘉琦《〈后汉书〉李贤注引〈诗〉考》一文，将李贤注所引《诗经》内容与宋本《诗经》进行了对校，并对李贤注引文中的讹误、脱漏等进行了分析。④

---

① 周晓瑜：《李贤注〈后汉书〉起讫时间考》，《文史哲》1991年第5期。
② 谢强：《李贤注〈后汉书〉的学术与政治因素》，《科教文汇》2019年第19期。
③ 刘萃峰：《〈后汉书〉李贤注所见唐代州县辑考》，硕士学位论文，南京大学，2014年。
④ 汪嘉琦：《〈后汉书〉李贤注引〈诗〉考》，硕士学位论文，浙江大学，2014年。

（四）关于李贤注的文字研究

杨柳《〈后汉书〉李贤注所反映的古代文字》一文，从文字学视角对李贤注进行了系统研究，分析了李贤注对汉字形体、汉字运用的认识以及处理方式，对李贤注所反映出的俗体字、异体字、古今字也进行了研究。①

（五）关于李贤注的语音研究

游尚功、廖廷章在《李贤〈后汉书〉注声类考》一文中，对李贤注中的音切进行了整理，共得出非重复音切1108个；通过系联法以及比证《广韵》，归纳得出37个声类，对中古音研究有重要参考作用。②

（六）关于李贤注的语法研究

孙良明在《李贤〈后汉书注〉中的语法分析》一文中，对李贤注中存在的语法分析内容进行了分析整理，探讨总结了唐人在语法分析方面所取得的成就，为古代语法学研究提供了重要参考。③

（七）关于李贤注的训诂研究

顾义生在《〈后汉书〉李贤注辨析》一文中，指出李贤注在训释词语时存在的误训同义复词、增字为训、望文生义、虚

---

① 杨柳：《〈后汉书〉李贤注所反映的古代文字》，复旦大学汉语言文字学科《语言研究集刊》编委会编《语言研究集刊》第六辑，上海辞书出版社2009年版。

② 游尚功、廖廷章：《李贤〈后汉书〉注声类考》，《贵州教育学院学报》（社会科学版）1994年第2期。

③ 孙良明：《李贤〈后汉书注〉中的语法分析》，《贵州大学学报》（社会科学版）2004年第4期。

词误训为实义、误训联绵词等五方面的问题，并且分别举例加以说明，对李贤注进行了有益补正。① 陈敏祥在《〈后汉书〉李贤注商榷》一文中，对李贤注中存在的误训同义复词、虚词误训为实义或实词误训为虚义、疏于通假、误释破读、不明词义而致误、不明语境而致误、增字为训、误释联绵词等问题进行了举例分析。②

(八) 关于李贤注的贡献与评价研究

洪海安在《章注〈后汉书〉的历史贡献》一文中，分析总结了李贤注中所体现的史学思想、治史方法，以及李贤对唐代史学发展作出的贡献。③

三 本书的研究框架

综合目前所能收集到的资料，我们可以看到，当前学界对《后汉书》李贤注的研究角度较广，但从训诂学角度来研究李贤注的成果并不多。训诂是读懂古籍的基础，为了更好地理解和使用《后汉书》这部史学巨著，有必要对李贤注的训诂内容、训诂术语、训诂方法以及训诂失误等内容进行全面的分析总结，进而从历时角度来考察李贤注所反映出来的语言变化。有鉴于此，本书主要从七个方面对李贤注展开分析和讨论。

一是李贤注训诂内容，大致包括注音、辨字、释词、分析语法、说明修辞、解句、考释名物典章制度、校勘、发凡起

---

① 顾义生：《〈后汉书〉李贤注辨析》，《古籍整理研究学刊》1994 年第 2 期。
② 陈敏祥：《〈后汉书〉李贤注商榷》，硕士学位论文，湖南师范大学，2007 年。
③ 洪海安：《章注〈后汉书〉的历史贡献》，《社会科学家》2009 年第 5 期。

例、指明文献出处等十个方面;二是李贤注训诂术语,如注音术语、释词解句术语、校勘术语、破通假术语等;三是李贤注训诂方法,包括求义的方法、释义的方法;四是李贤注引《尔雅》、郭璞《尔雅注》补正,将李贤注中所引《尔雅》及郭璞《尔雅注》与清代阮元《十三经注疏》中《尔雅注疏》相比较,对李贤注进行补正;五是李贤注引《说文解字》补正,将李贤注当中所引用的《说文解字》条目与现代通行的《说文解字》版本进行比较分析,借此对今本《说文解字》进行一些补正;六是李贤注与现代辞书编纂,将李贤注与《汉语大词典》进行对比分析,对《汉语大词典》进行一些补正;七是李贤注训诂勘误,尝试对李贤注当中存在的训诂失误进行举例分析,进而对李贤注的研究和使用做一些有益补充。

第一章 《后汉书》李贤注的训诂内容

我国传统训诂涉及范围广泛，内容纷繁多样，既有关于语言文字本身的解释校正，也有关于历史事实、典章制度、风俗习惯的考证说明。其中，解释词义是传统训诂的核心任务。就《后汉书》李贤注而言，其训诂内容大致包括十个方面，即注音、辨字、释词、分析语法、说明修辞、解句、考释名物典章制度、校勘、发凡起例、指明文献出处，现就这十个方面分别加以讨论说明。

第一节 注音

语音是语言的物质外壳，要读懂一本古书，就必须解决陌生汉字的读音问题。因此，我国历代训诂学家在注解古书时都会涉及注音工作。注解家们认为，难读、难认的字或有多个读音的字，通常会标注出读音以便读者阅读，《后汉书》李贤注中同样也有大量的注音内容。例如：

（1）六月戊午，陷长安城，太常种拂、太仆鲁旭、大鸿胪周奂、城门校尉崔烈、越骑校尉王颀并战殁，吏民死者万馀人。(《孝献帝纪第九》)

李贤注：颀音祈。

（2）更始既未有所挫，而不自听断，诸将皆庸人屈起，志在财币，争用威力，朝夕自快而已，非有忠良明智，深虑远图，欲尊主安民者也。(《邓寇列传第六》)

李贤注：屈音求勿反。

（3）百姓为便，乃歌之曰："廉叔度，来何暮？不禁火，民安作。平生无襦今五绔。"(《郭杜孔张廉王苏羊贾陆列传第二十一》)

李贤注：作，协韵音则护反。

（4）（第五）伦悉简其丰赡者遣还之，更选孤贫志行之人以处曹任，于是争赇抑绝，文职修理。(《第五锺离宋寒列传第三十一》)

李贤注：以财相货曰赇，音其又反，又音求。

上述例文中，例（1）是用同音字给生僻字注音，例（2）是用反切法来给生僻字注音，例（3）是用协韵法给生僻字注音，例（4）是给多音字注音。

第二节　辨字

汉字是一种意音文字，字形与字义之间的关系非常密切，对汉字的形体进行分析，对于揭示汉字的字义具有重要意义。

汉字自起源之日起，就一直处于变化发展之中，这种变化发展的过程虽然极为漫长，但效果是非常明显的。回顾汉字发展史，我们可以清楚地看到不同历史时期的汉字在字体和字形方面所发生的改变。就书籍而言，如果古书中某些字的写法在后世发生了较大变化，变得不容易辨认了，就会给人们阅读古书带来障碍。因此，对汉字进行辨析也是训诂学家们注解古书时所要关注的一个重要问题。《后汉书》李贤注中关于辨字的内容也非常丰富，现举例分析如下。

一　分析汉字字形

我国学者对汉字的研究由来已久，"六书"理论就是其中之一。"六书"一词最早见于《周礼·地官司徒·保氏》，即"保氏，掌谏王恶。而养国子以道，乃教之六艺：一曰五礼，二曰六乐，三曰五射，四曰五驭，五曰六书，六曰九数"[1]，但是《周礼》没有对"六书"的内涵进行详细解释。据《汉书·艺文志》记载："古者八岁入小学，故周官保氏掌养国子，教之六书，谓象形、象事、象意、象声、转注、假借，造字之本也。"[2] 汉代的许慎在《说文解字》一书中将汉字"六书"定义为指事、象形、形声、会意、转注、假借六种，并且分别举例加以说明。许慎曰："周礼，八岁入小学，保氏教国子，先以六书。一曰指事，指事者，视而可识，察而可见，

---

[1] 李学勤主编：《十三经注疏·周礼注疏》卷14，北京大学出版社1999年版，第352页。

[2] （汉）班固撰，（唐）颜师古注：《汉书》卷30，中华书局1962年版，第1720页。

上下是也。二曰象形，象形者，画成其物，随体诘诎，日月是也。三曰形声，形声者，以事为名，取譬相成，江河是也。四曰会意，会意者，比类合谊，以见指㧑，武信是也。五曰转注，转注者，建类一首，同意相受，考老是也。六曰假借，假借者，本无其字，依声托事，令长是也。"①

许慎所说的"六书"是对汉字造字和用字方法的总结，其中"指事""象形""形声""会意"是造字法，"转注""假借"是用字法。许慎对"六书"的阐释给人们用字造字带来了很大启发，其中以形声字最为突出。同一个形旁加上不同的声旁就可以成为不同的汉字，非常方便易记，故而形声字在汉字当中占绝大多数。形旁具有表意的作用，对理解字义很有帮助，故而训诂学家们常常要借助形旁来对汉字进行辨析，李贤等人在注解《后汉书》时，也借助了许慎的"六书"理论来分析汉字的形旁，以便帮助读者更好地认识和辨别生僻字。例如：

（1）歌之曰："枹鼓不鸣董少平。"（《酷吏列传第六十七》）

李贤注：枹，击鼓杖也，音浮，其字从木也。

（2）时中山觟阳鸿，字孟孙，亦以《孟氏易》教授，有名称，永平中为少府。（《儒林列传第六十九上》）

李贤注：觟音胡瓦反。其字从"角"字，或作"鮭"。从"鱼"者，音胡佳反。

---

① （汉）许慎：《说文解字校订本》卷15，班吉庆等点校，凤凰出版社2004年版，第440页。

对于某些难读的生僻字，李贤注有时也会分析其声旁。例如：

(1) 葰扈蘳荧，恶可弹形。(《马融列传第五十上》)

李贤注：葰音以揆反。郭璞注《尔雅》云："草木花初出为笋。"与葰通，其字从"唯"，本作从"荏"者，误也。

二 辨析古今字

训诂学中所说的"古今字"范畴比文字学中所说的"古今字"宽泛得多。古代训诂学家注解中所提及的"古今字"，除了文字学中所指的古今字之外，有时还包括异体字，甚至包括通假字，《后汉书》李贤注中对"古今字"的分析就属于这种情况。受历史条件限制，李贤等人对于异体字、通假字、古今字等并没有十分明确的认识，也没有做进一步区分，而是通用"某，古某字""某与某同""某通某"等术语来标注。为了进一步了解《后汉书》李贤注对于文字的研究情况，我们尝试将这些注释内容进一步进行分类说明。

(一) 异体字

异体字是字音、字义相同但字形不同的一组字。狭义的异体字仅有字形上的区别，彼此可以完全通用，而广义的异体字除了包括狭义异体字之外，还包括仅在部分用法上可以通用的字，即部分异体字。李贤等人对《后汉书》中出现的广义异体字进行了分析。例如：

（1）光武曰："今若破敌，珍珤万倍，大功可成；如为所败，首领无馀，何财物之有！"众乃从。(《光武帝纪第一上》)

李贤注：珤，古"宝"字。

按：《说文》："宝，珍也。从宀，从王，从贝，缶声。博皓切。宲，古文宝，省贝。"①《玉篇》"珤"条下引《声类》云："古文宝字。"②《广韵·皓韵》载"珤"乃"宝"之古文。③《说文通训定声》"宝"字条下曰："古又作珤，从玉缶声。"④"珤"与"宝"的音义相同，可以通用，是一对异体字。

（2）州郡各拥强兵，而委输不至，群僚饥乏，尚书郎以下自出采稆，或饥死墙壁间，或为兵士所杀。(《孝献帝纪第九》)

李贤注：稆音吕。《埤苍》曰："穞自生也。"稆与穞同。

按："稆"与"穞"均指不种自生的谷物，两字读音相同，古籍中常通用，是一对异体字。有学者认为，"古代只有'旅'字，《说文》无'穞'、'稆'。《后汉书》已有'稆'，'旅'和'稆'是古今字的关系。《广韵》有'穞'无'稆'。

---

① （汉）许慎：《说文解字校订本》卷7，班吉庆等点校，凤凰出版社2004年版，第206页。
② （梁）顾野王：《大广益会玉篇》卷1，中华书局1987年版，第5页上栏。
③ （宋）陈彭年等编：《宋本广韵·永禄本韵镜》，江苏教育出版社2005年版，第87页上栏。
④ （清）朱骏声：《说文通训定声》（附音序、笔画、四角号码检字），中华书局2016年版，第270页上栏。

《集韵》'秬'是'穐'的异体，注云：'禾自生。或从吕，通作旅。'由此看来，李贤时'穐'字刚产生，'穐'是'秬'的异体"①。

除了字音、字义完全相同的异体字之外，李贤等人也对"部分异体字"进行了分析。例如：

(1) 自是正直废放，邪枉炽结，海内希风之流，遂共相摽搒，指天下名士，为之称号。(《党锢列传第五十七》)

李贤注：摽搒犹相称扬也。"搒"与"牓"同，古字通。

按："搒"是一个多音字，在表示文书、告示、匾额之意时与"牓"的读音和意义相同，可以与"牓"通用，故而"搒"与"牓"可以看作一对异体字。

(2) 而朝臣在位，莫肯正议，訾訾訾訾，更相佐附。(《杨李翟应霍爰徐列传第三十八》)

李贤注：訾音将徙反。"訿"与"訾"古字通。

按："訾"在表示诋毁之意时，与"訿"读音意义相同，多通用，故而"訾"与"訿"也可以看作一对异体字。《说文》曰："訾，不思称意也。从言，此声。《诗》曰：'翕翕訿訿。'"②

---

① 杨柳：《〈后汉书〉李贤注文字训诂研究》，硕士学位论文，复旦大学，2008年，第14页。
② (汉)许慎：《说文解字校订本》卷3，班吉庆等点校，凤凰出版社2004年版，第68页。

(二) 通假字

通假是古籍当中的常见现象，古人在行文时，有时会用一个音同或音近字来替代本字，即为通假。《后汉书》中存在许多通假字，李贤等人在注释时也进行了分析。例如：

(1) 南击新市、真定、元氏、防子，皆下之，因入赵界。(《光武帝纪第一上》)

李贤注：元氏、房子，属常山郡，并今赵州县也。防与房古字通用。

按："防"与"房"读音相同，属同音字通假。

(2) 被蝗以来，七年于兹，而州郡隐匿，裁言顷亩。(《孝安帝纪第五》)

李贤注："裁"与"才"同，古字通。

按："裁"与"才"读音相同，属同音字通假，此处意为"仅仅"。

(3) 杜绝邪伪请托之原，令廉白守道者得信其操。(《孝桓帝纪第七》)

李贤注：信音申，古字通。

按："信"与"申"上古读音相近，可互为通假，此处意为"伸张"。

(4) (延笃) 少从颖川唐溪典受《左氏传》，旬日能

讽之，典深敬焉。(《吴延史卢赵列传第五十四》)
　　李贤注："唐"与"堂"同也。

按："唐"与"堂"读音相同，可通假。

(三) 古今字

文字学领域所指的"古今字"，是"跟一词多形现象有关的一个术语。一个词的不同书写形式，通行时间往往有前后。在前者就是在后者的古字，在后者就是在前者的今字"[1]。李贤等人在注解《后汉书》时，也对文字学领域所指的"古今字"进行了分析。例如：

(1) 诏边吏力不足战则守，追虏料敌不拘以逗留法。(《光武帝纪第一下》)
　　李贤注：逗，古住字。

按：据《广韵·遇韵》载，"住"音"持遇切"[2]，"逗"音"持遇切"[3]。二字古音相同，意义相近。段玉裁在《说文解字注》中也有相关论述："今俗用住字，乃驻逗二字之俗。"[4] 李贤指出，"逗"是"住"的古字，是正确的。

(2) 赖宗庙之灵，及中常侍单超、徐璜、具瑗、左

---

[1] 裘锡圭：《文字学概要》，商务印书馆1988年版，第270页。
[2] (宋) 陈彭年等编：《宋本广韵·永禄本韵镜》，江苏教育出版社2005年版，第104页下栏。
[3] (宋) 陈彭年等编：《宋本广韵·永禄本韵镜》，江苏教育出版社2005年版，第104页下栏。
[4] (清) 段玉裁：《说文解字注》，中华书局2013年版，第377页下栏。

惛、唐衡、尚书令尹勋等激愤建策，内外协同，漏刻之间，桀逆枭夷。(《孝桓帝纪第七》)

李贤注：《说文》曰："惥，忧也。"音工奂反。今作心旁官，即"惥"字也，今相传音绾。

按：《说文》仅收"惥"字而无"惛"字。《玉篇》同时收录了"惥"和"惛"，并指出"惛"同"惥"。[1] 从李贤等人的注解来看，唐代普遍使用"惛"字，"惥"字已经比较少见，故而李贤等人要特别说明"惥"今作"惛"。

(3) 妇人至嫁时乃养发，分为髻，著句决，饰以金碧，犹中国有簂步摇。(《乌桓鲜卑列传第八十》)

李贤注：簂音古诲反。字或为"帼"，妇人首饰也。

按："帼"是一种头饰，早期写作"簂"。"帼"字的出现要晚于"簂"。《玉篇》"帼"字条下载："覆发上也。或作簂。"[2] 李贤注指出，二者为古今字。

第三节　释词

释词是训诂的核心内容，也是后人阅读古书的重要参考。统观《后汉书》李贤注，我们可以看到，李贤等人在作注时

---

[1]　(梁) 顾野王：《大广益会玉篇》卷8，中华书局1987年版，第41页上栏。
[2]　(梁) 顾野王：《大广益会玉篇》卷28，中华书局1987年版，第127页上栏。

对释词问题给予了高度关注，对词语进行解释的内容在注释中占有绝对比重。总体来看，李贤等人对词语的解释大致可以概括为五个方面，现分别加以讨论说明。

一 解释一般词语

这类释词在李贤注当中是最为常见的，凡是注解者认为在理解上存在一定困难或者需要特别注意的词，基本上都会进行解释。例如：

（1）吴汉曰："卿曹努力！王兄子在南阳，何忧无主？"（《光武帝纪第一上》）

李贤注：曹，辈也。

（2）君非吾贼臣乱子，仓卒时人皆欲为君事耳，何足数也。（《隗嚣公孙述列传第三》）

李贤注：数，责也。

（3）是岁，赵相奏乾居父丧私娉小妻，又白衣出司马门，坐削中丘县。（《宗室四王三侯列传第四》）

李贤注：小妻，妾也。

（4）七年，使使者持玺书即拜常为横野大将军，位次与诸将绝席。（《李王邓来列传第五》）

李贤注：绝席谓尊显之也。

二 以今语释古语

《后汉书》成书于南朝宋时期，李贤等人在作注时，经常会遇到在唐代已经很少使用或者不再使用的词语。对于这些词语，李贤等人也都尽可能地给出详细解释。例如：

（1）若欲归本郡，在所为封长檄；不欲，勿强。（《孝安帝纪第五》）

李贤注：长檄犹今长牒也。欲归者，皆给以长牒为验。

（2）前过濯龙门上，见外家问起居者，车如流水，马如游龙，仓头衣绿褠，领袖正白，顾视御者，不及远矣。（《皇后纪第十上》）

李贤注：褠，臂衣，今之臂䩐，以缚左右手，于事便也。

（3）建武十二年，九真徼外蛮里张游，率种人慕化内属，封为归汉里君。（《南蛮西南夷列传第七十六》）

李贤注：里，蛮之别号，今呼为俚人。

三 以方言、俗语释通语

李贤等人有时会使用一些唐代的方言、俗语来解释《后汉书》中的词语。例如：

（1）诸种有数万，屯聚寇钞，拒浩亹隘。（《马援列传第十四》）

李贤注：浩，水名也。亹者，水流峡山间，两岸深若门也。《诗》曰"凫鹥在亹"，亦其义也。今俗呼此水为合门河，盖疾言之耳。

（2）比目应节而双跃兮，孤雌感声而鸣雄。（《文苑

列传第七十下》)

李贤注：比目鱼一名鲽，一名王馀，不比不行，今江东呼为板鱼。

四　探求语源

所谓"语源"指的是事物的命名之理。从事物的名称入手，对其得名之由进行探求，有助于更好地理解词义。探求语源是历代训诂学家都非常重视的问题，李贤注当中也不乏通过分析事物得名之由来解释词义的内容，其中有许多解释对我们今天阅读和使用古籍仍具有重要的参考意义。

第一，源于事物的性状特征。例如：

（1）疏勒国献师子、封牛。(《孝顺孝冲孝质帝纪第六》)

李贤注：封牛，其领上肉隆起若封然，因以名之，即今之峰牛。

（2）永平中，理虖沱、石臼河，从都虑至羊肠仓，欲令通漕。(《邓寇列传第六》)

李贤注：郦元《水经注》云，汾阳故城，积粟所在，谓之羊肠仓，在晋阳西北，石隥萦委，若羊肠焉，故以为名。

（3）古文科斗，近于为实，而厌抑流俗，降在小学。(《吴延史卢赵列传第五十四》)

李贤注：古文谓孔子壁中书也。形似科斗，因以为名。

(4) 皆著黄巾为摽帜，时人谓之"黄巾"，亦名为"蛾贼"。(《皇甫嵩朱儁列传第六十一》)

李贤注：蛾音鱼绮反，即"蚁"字也。谕贼众多，故以为名。

(5)（曹）操乃发石车击绍楼，皆破，军中呼曰"霹雳车"。(《袁绍刘表列传第六十四上》)

李贤注：以其发石声震烈，呼为霹雳，即今之抛车也。

第二，源于事物出现的时间。例如：

(1) 京师去冬无宿雪，今春无澍雨，黎民流离，困于道路。(《孝和孝殇帝纪第四》)

李贤注：以其经冬，故言宿也。

(2) 诏以宿麦不下，赈赐贫人。(《孝安帝纪第五》)

李贤注：宿，旧也。麦必经年而熟，故称宿。

第三，源于事物的质料。例如：

(1) 伏见虎贲中郎将窦宪，椒房之亲，典司禁兵，出入省闼，年盛志美，卑谦乐善，此诚其好士交结之方。(《第五锺离宋寒列传第三十一》)

李贤注：后妃以椒涂壁，取其繁衍多子，故曰椒房。

(2) 吾前后仕进，十要银艾，不能和光同尘，为谗邪所忌。(《皇甫张段列传第五十五》)

李贤注：银印绿绶也，以艾草染之，故曰艾也。

(3) 诏赐单于冠带、衣裳、黄金玺、盭绶，安车羽盖，华藻驾驷，宝剑弓箭，黑节三，驸马二，黄金、锦绣、缯布万匹，絮万斤，乐器鼓车，榮戟甲兵，饮食什器。(《南匈奴列传第七十九》)

李贤注：盭音戾，草名。以戾草染绶，因以为名，则汉诸侯王制。

第四，源于事物所处的自然环境或地理位置。例如：

(1) 贼入渔阳，乃遣吴汉率耿弇、陈俊、马武等十二将军追战于潞东，及平谷，大破灭之。(《光武帝纪第一上》)

李贤注：潞，县名，属渔阳郡，今幽州县也。有潞水，因以为名。

(2) 秋七月，蜀郡夷寇蚕陵，杀县令。(《孝安帝纪第五》)

李贤注：蚕陵，县，属蜀郡，故城在今翼州翼水县西。有蚕陵山，因以为名焉。

(3) 九月，东海人公宾就斩王莽于渐台，收玺绶，传首诣宛。(《刘玄刘盆子列传第一》)

李贤注：渐台，太液池中台也。为水所渐润，故以为名。

(4) 明年夏，与诸将攻落门，未拔，病发，薨于军，谥曰节侯。(《冯岑贾列传第七》)

李贤注：落门，聚名，在冀县，有落门山。

第五，其他。例如：

（1）公、卿、司隶、州牧举贤良方正各一人，遣诣公车，朕将览试焉。(《光武帝纪第一下》)

李贤注：公车，门名。公车所在，因以名焉。

（2）时鲜卑攻杀云中太守成严，围乌桓校尉徐常于马城。(《耿弇列传第九》)

李贤注：马城，县名，属代郡，故城在今云州定襄县。秦始皇初筑城，辄崩坏，其后有马周章驰走，因随马迹起城，故以名焉。

（3）会隗嚣用王元计，意更狐疑，援数以书记责譬于嚣。(《马援列传第十四》)

李贤注：狐性多疑，故曰狐疑。

（4）孝明皇帝深惟庙策，乃命虎臣，出征西域，故匈奴远遁，边境得安。(《班梁列传第三十七》)

李贤注：古者谋事必就祖，故言"庙策"也。

（5）凭归云而遐逝兮，夕余宿乎扶桑。(《张衡列传第四十九》)

李贤注：扶桑，日所出，在汤谷中，其桑相扶而生。

五　解释避讳

封建社会等级森严，人们在说话、写文章的时候，不能直接称呼君王、尊长的名字，这种现象称为"避讳"。如果写文章时遇到与君王、尊长名字相同的字，要用别的字来替代，有时甚至连同音字也需要避讳，比较常用的办法是改字或者缺笔。《后汉书》当中也有不少避讳的现象，李贤等人在注解时也一并指出。例如：

(1) 伯升又破王莽纳言将军严尤、秩宗将军陈茂于淯阳，进围宛城。(《光武帝纪第一上》)

李贤注：桓谭《新论》云庄尤字伯石，此言"严"，避明帝讳也。

(2) (吴汉) 每当出师，朝受诏，夕即引道，初无办严之日。(《吴盖陈臧列传第八》)

李贤注：严即装也，避明帝讳，故改之。

按：汉明帝名刘庄，上述两例皆为避"庄"字，例(1)改"庄"为"严"，例(2)则改"庄"的同音字"装"为"严"。

(3) 进右翊公辅为中山王，食常山郡。(《光武帝纪第一下》)

李贤注：本恒山郡，避文帝讳改为常山，故城在今赵州元氏县西。

按：汉文帝名刘恒，为避"恒"字，改"恒山"为"常山"。

(4) 郭太字林宗，太原界休人也。(《郭符许列传第五十八》)

李贤注：范晔父名泰，故改为此"太"。

按：范晔的父亲名范泰，范晔著《后汉书》时，为避尊长讳，改"泰"为"太"。

第四节 分析语法

人们阅读古书时所遇到的障碍不仅是陌生的字词，还有各种语法方面的问题。所以注解家们为古书作注时，不仅要解释字词，还要对古书中存在的语法现象进行解释。《后汉书》作为一部历史巨著，其中也包含大量的语法现象，李贤等人注解时，也对这些语法现象进行了分析。

一 分析语序

语言是不断发展变化的，为便于读者理解文义，李贤等人注解《后汉书》时，有时会对原文的语序进行一些调整。例如：

（1）则知其道有足怀者，所以栖有四方之桀，士至投死绝亢而不悔者矣。（《隗嚣公孙述列传第三》）

李贤注：四方雄桀者，皆栖集而有之。

按：李贤注将"栖有四方之桀"解释为"四方雄桀者皆栖集而有之"，将原文的动宾结构改为主谓结构，意义不变。

（2）伯升自发舂陵子弟，合七八千人，部署宾客，自称柱天都部。（《宗室四王三侯列传第四》）

李贤注：柱天者，若天之柱也。

按：李贤注将"柱天"解释为"天之柱"，将原文的动宾结构改为偏正结构，意义不变。

（3）遂集乎中圉，陈师案屯，骈部曲，列校队，勒三军，誓将帅。(《班彪列传第三十下》)

李贤注：中圉，圉中也。

按：李贤注将"中圉"解释为"圉中"，词序前后颠倒，而意义不变。

二 分析语法结构

人们在阅读古书的时候，如果对语法结构的理解存在错误，那么就无法读懂原著。因此，对原文的语法结构进行分析也是训诂学家在注书时所要关注的内容，李贤注当中也有相关分析。

第一，分析述宾结构。例如：

（1）范蠡收责句践，乘偏舟于五湖。(《隗嚣公孙述列传第三》)

李贤注：收责谓收其罪责也。

（2）（王丹）家累千金，隐居养志，好施周急。(《宣张二王杜郭吴承郑赵列传第十七》)

李贤注：周急谓周济困急也。

第二，分析主谓结构。例如：

公旦道行，故制典礼以尹天下，惧教诲之不从，有人

之不理。(《张衡列传第四十九》)

李贤注：道行言道得申也。

第三，分析定中结构。例如：

（1）（隗）嚣又引公孙述将，令守突门。(《窦融列传第十三》)

李贤注：突门，守城之门，《墨子》曰"城百步为一突门"也。

（2）盖善政者，视俗而施教，察失而立防，威德更兴，文武迭用，然后政调于时，而躁人可定。(《桓谭冯衍列传第十八上》)

李贤注：躁犹动也，谓躁挠不定之人也。

第四，分析状中结构。例如：

帝勤时登，爰考休征。(《班彪列传第三十下》)

李贤注：时登，以时登之。

第五，分析并列结构。例如：

（1）献生不辰，身播国屯。(《孝献帝纪第九》)

李贤注：辰，时也。播，迁也。言献帝生不逢时，身既播迁，国又屯难。

（2）光武素闻其风声，报以殊礼，言称字，用敌国之仪，所以慰藉之良厚。(《隗嚣公孙述列传第三》)

李贤注：慰，安也。藉，荐也。言安慰而荐藉之良甚也。

第六，分析连动结构。例如：

(1) 方今案比之时，郡县多不奉行。虽有糜粥，糠秕相半，长吏怠事，莫有躬亲，甚违诏书养老之意。(《孝安帝纪第五》)

李贤注：《东观记》曰："方今八月案比之时。"谓案验户口，次比之也。

(2) 故临民之职，专事威断，族灭奸轨，先行后闻。(《酷吏列传第六十七》)

李贤注：先行刑而后闻奏也。

三　分析词类活用

古汉语当中词类活用现象非常普遍，李贤等人对《后汉书》当中的词类活用现象也进行了详细分析。

第一，普通名词用作动词。例如：

(1) 时军士疲弊，遂大败奔还，壁范阳，数日乃振，贼亦退去，从追至容城、小广阳、安次，连战破之。(《耿弇列传第九》)

李贤注：壁谓筑垒壁也。

(2) 已命有司祖于国门。(《张法滕冯度杨列传第二十八》)

李贤注：祖，道祭也。

(3) 连缓耳，琐雕题，摧天督，牵象犀，椎蜯蛤，碎瑠璃，甲瑇瑁，戕觜䚟。(《文苑列传第七十上》)

李贤注：甲谓取其甲也。

第二，使动用法。例如：

（1）（郅）恽不忠，孔任是昭，豺虎从政，既陷诽谤，又露所言，罪莫重焉。（《申屠刚鲍永郅恽列传第十九》）

李贤注：昭，显也。恽自责不忠，故使甚佞之人昭显也。

（2）（朱）穆伏不肯起。左右传出，良久乃趋而去。（《朱乐何列传第三十三》）

李贤注：传声令出。

（3）孔公绪清谈高论，嘘枯吹生。（《郑孔荀列传第六十》）

李贤注：枯者嘘之使生，生者吹之使枯。言谈论有所抑扬也。

第三，意动用法。例如：

（1）臣闻师臣者帝，宾臣者霸。（《郑范陈贾张列传第二十六》）

李贤注：言以臣为师，以臣为宾也。

（2）（李）膺免归乡里，居阳城山中，天下士大夫皆高尚其道，而污秽朝廷。（《党锢列传第五十七》）

李贤注：以朝廷为污秽也。

四 分析被动句

《后汉书》当中存在大量的被动句，李贤等人在注解时，将没有形式标志的被动句即意念被动句，改为有形式标志的被动句式，使文义更加显豁易懂。

第一，用"为……所……"来阐释被动句。例如：

（1）（窦）宪乃流涕谢其将士曰："妻子皆已得矣。嗟乎！久苦诸卿。"（《王刘张李彭卢列传第二》）

李贤注：为吴汉所得也。

（2）（刘）宽尝于坐被酒睡伏。帝问："太尉醉邪？"（《卓鲁魏刘列传第十五》）

李贤注：被，加也，为酒所加也。

（3）外伤羌虏，内困征赋。（《李陈庞陈桥列传第四十一》）

李贤注：为羌寇所伤也。

第二，加入"见"字来解释被动句。例如：

（1）彼二子之所本得乎天，故言信而志行也。（《第五锺离宋寒列传第三十一》）

李贤注：言而见信，谏而必从，故曰志行。

（2）夫士进则世收其器，贤用即人献其能。（《张王种陈列传第四十六》）

李贤注：言贤人见用，则人竞献其所能。

第三，加入"被"字来阐释被动句。例如：

能献既已厚其功，器收亦理兼天下。（《张王种陈列传第四十六》）

李贤注：有才器必被收用，用则海内蒙福，故曰理兼天下。

五 分析虚词

对虚词进行分析也是李贤注当中非常重要的内容，除了指明虚词之外，有时还会标出它的功能。

第一，标明"词""语辞""辞"。例如：

(1)《诗》云："天难谌斯，不易惟王。"可不慎与！（《邓张徐张胡列传第三十四》）

李贤注：斯，词也。

(2) 向使庙堂纳其高谋，疆埸宣其智力，帷幄容其謇辞，举厝禀其成式，则武、宣之轨，岂其远而？（《左周黄列传第五十一》）

李贤注：而，语辞也。《论语》曰："岂不尔思，室是远而。"

(3) 二志靡成，聿劳我心。（《文苑列传第七十上》）

李贤注：聿，辞也。

第二，指明叹词。例如：

(1) 於赫有命，系隆我汉。（《光武帝纪第一下》）

李贤注：於赫，叹美之词，音乌。

(2) 美矣岑君，於戏休兹！（《冯岑贾列传第七》）

李贤注：於戏，叹美之词。

· 33 ·

第三，指明句首语气词或句末语气词。例如：

（1）行劲直以离尤兮，羌前人之所有；内自省而不惭兮，遂定志而弗改。（《冯衍传第十八下》）

李贤注：羌，语发声也。

（2）曾烦毒以迷或兮，羌孰可与言已？（《张衡列传第四十九》）

李贤注：羌，发语辞也。

（3）女子怒曰："公是韩伯休那？乃不二价乎？"（《逸民列传第七十三》）

李贤注：那，语馀声也，音乃贺反。

六　分析省略

《后汉书》原文有时会省略一些句子成分，李贤等人注释时进行了补充，便于读者理解。

第一，补充主语。例如：

（1）以为相如《封禅》，靡而不典，扬雄《美新》，典而不实，盖自谓得其致焉。（《班彪列传第三十下》）

李贤注：文虽靡丽，而体无古典。

（2）柔而不犯，文而有礼，忠贞之性，忧公如家。（《邓张徐张胡列传第三十四》）

李贤注：柔而不犯谓性和柔而不可犯以非义也。

第二，补充宾语。例如：

（1）然弇自剋拔全齐，而无复尺寸功。夫岂不怀？（《耿弇列传第九》）

李贤注：怀，思也。言岂不思重立大功乎。

（2）众论既异，愤愤不得意，而未有以相夺。（《李杜列传第五十三》）

李贤注：未有别理而易夺之。

第五节　说明修辞

"修辞"一语最早见于《周易·乾·文言》："修辞立其诚，所以居业也。"① 但是，这里的"修辞"指的不是修饰言语，而是"修理文教"之义。孔颖达《周易正义》曰："辞谓文教，诚谓诚实也。外则修理文教，内则立其诚实，内外相成，则有功业可居，故云'居业'也。"② 尽管含义不同，但是"修辞"这一名称一直沿用到今天。修辞手法在我国具有悠久的使用历史，古书当中常见各类修辞用例。因此，说明修辞现象是古书注解当中的一项重要内容，李贤注当中也不乏对《后汉书》修辞现象进行解释说明的内容。

---

① 李学勤主编：《十三经注疏·周易正义》卷1，北京大学出版社1999年版，第15页。

② 李学勤主编：《十三经注疏·周易正义》卷1，北京大学出版社1999年版，第16页。

一　比喻

比喻就是用打比方的办法使被描绘的事物更加生动形象。《后汉书》中存在大量的比喻句，李贤注也进行了分析。例如：

（1）金汤失险，车书共道。(《光武帝纪第一下》)

李贤注：《前书》曰："金城汤池，不可攻矣。"金以谕坚，汤取其热。光武所系，皆失其险固也。

按："金"指金属，"汤"指沸水，"金城汤池"即用金属铸成的城墙，流淌着沸水的护城河，用来比喻城池之险固。

（2）光武以圣武天挺，继统兴业，创基冰泮之上，立足枳棘之林。(《左周黄列传第五十一》)

李贤注：泮冰谕危陷。枳棘谕艰难。

按："冰泮"指冰开始消融，"枳棘"指两种带刺的树木，此处以"冰泮""枳棘"来形容光武帝创业之多艰。

（3）后王莽陵纂，扰动戎夷，续以更始之乱，方夏幅裂。(《南匈奴列传第七十九》)

李贤注：更始无道，扰乱方内，诸夏如布帛之裂也。

按："幅裂"指布幅被撕裂，此处用来比喻疆土分崩离析。

二 借代

借代是指不直接说出事物的名称，而是用与其相关的其他事物名称来代替。例如：

(1) 壬午，诏太仆、少府减黄门鼓吹，以补羽林士；厩马非乘舆常所御者，皆减半食；诸所造作，非供宗庙园陵之用，皆且止。(《孝安帝纪第五》)

李贤注：乘舆，天子所乘车舆也。不敢斥言尊者，故称乘舆。

按："乘舆"最初指的是天子或诸侯所乘坐的车子，秦朝后专指皇帝所乘坐的车子，汉承秦制，因不敢直言天子，故而以乘舆代称。

(2) (冯)衍少事名贤，经历显位，怀金垂紫，揭节奉使，不求苟得，常有陵云之志。(《冯衍传第十八下》)

李贤注：金谓印也，紫谓绶也。

按："金"和"紫"分别是"印"和"绶"的自身属性，用来指代该事物。

(3) 国家乐闻驳议，黄发无愆，诏书过耳，何故自系？(《朱乐何列传第三十三》)

李贤注：黄发，老称。

按："黄发"是老年人的外貌特征，这里用"黄发"来指代老年人。

三 婉曲

所谓"婉曲"是指不直接说出某事,而是采用委婉、含蓄的说法。例如:

> 后、显兄弟及江京、樊丰等谋曰:"今晏驾道次,济阴王在内,邂逅公卿立之,还为大害。"(《皇后纪第十下》)

> 李贤注:晏,晚也。臣下不敢斥言帝崩,犹言晚驾而出。

按:"晏驾"是对帝王去世的委婉说法。

四 夸张

夸张是用超越现实的渲染手法来描述某事物,以达到突出强调的目的。例如:

> (1)万乐备,百礼暨,皇欢浃,群臣醉,降烟熅,调元气,然后撞钟告罢,百僚遂退。(《班彪列传第三十下》)

> 李贤注:万乐、百礼,盛言之也。

按:万乐、百礼皆言礼乐之盛,并非具体数目。

> (2)当斯之役,黔首陨于狼望之北,财币糜于卢山

之壑，府库单竭，杼柚空虚，筭至舟车，赀及六畜。（《西域传第七十八》）

李贤注：以此言之，无物不算。

按："筭至舟车，赀及六畜"是指将原本不计入家庭财产的舟车、六畜都列入统计范围，以便缴纳赋税，借以表达国用亏空之大。

五　并提

"并提"是指把两件相关的事情放到一个句子中来表达，以便达到句子紧凑、文义简练的目的。《后汉书》中也有相关的用例，李贤等人在注解时也注意到了这种修辞现象，并且做了解释。例如：

浚遒县有唐、后二山，民共祠之，众巫遂取百姓男女以为公妪，岁岁改易，既而不敢嫁娶，前后守令莫敢禁。（《第五锺离宋寒列传第三十一》）

李贤注：以男为山公，以女为山妪，犹祭之有尸主也。

按："男女以为公妪"是并提用法，意为"以男为公，以女为妪"，不能把"男女"看作一个词，李贤注甚确。

第六节　解句

句子是构成篇章的材料。训诂学家们在解释字义、词义以及语法修辞的同时，常常还要解释句义。解释句义也是李贤注的重要内容，李贤等人在解释句子的时候，有时是针对一个单独的句子进行注释，有时则是针对几个句子进行注释，大致可以分为翻译、串讲、点明主旨三种情况，现分别举例说明。

一　翻译

李贤等人在注解《后汉书》时，为便于读者准确理解，有时会对整句话加以翻译，包括直译和意译两种情况。

（一）直译

所谓直译，是指李贤的注文与《后汉书》原文的词义和句法结构是相对应的，没有掺杂注解家的主观发挥。例如：

（1）推忠以及，众瘼自蠲。（《循吏列传第六十六》）
李贤注：推忠恕以及于人，则众病自蠲除。
（2）《易》曰："二人同心，其利断金。同心之言，其臭如兰。"此之谓也。（《列女传第七十四》）
李贤注：若二人同心，则其利可以断之。二人既同心，其芳馨如兰也。

（二）意译

所谓意译，是指李贤的注文没有严格遵照《后汉书》原文的词义和句法结构，而是在原文的基础上进行了调整、补充和归纳。例如：

（1）自非忠贤力争，屡折奸锋，虽愿依斟流彘，亦

不可得已。(《孝桓帝纪第七》)

李贤注：言帝宠幸宦竖，令执威权，赖忠臣李膺等竭力谏争，以免篡弑之祸。不然，则虽愿如夏相依斟，周王流彘，不可得也。

(2) 道无常稽，与时张弛。(《崔骃列传第四十二》)

李贤注：随时弛张，不考之于常道也。

(3) 如后有毫毛加于今日，诚恐推让之名不可再得。(《列女传第七十四》)

李贤注：谓有纤微之过，则推让之美失也。

二 串讲

所谓串讲，是指把原文一句或数句的句义连贯起来，进行总结性讲解和陈述，可以加入注解家个人的主观理解。例如：

(1) 夫严气正性，覆折而已。岂有员园委屈，可以每其生哉！(《郑孔荀列传第六十》)

李贤注：言宁正直以倾覆摧折，不能委曲以贪生也。

(2) 自曹腾说梁冀，竟立昏弱。魏武因之，遂迁龟鼎。所谓"君以此始，必以此终"，信乎其然矣！(《宦者列传第六十八》)

李贤注：言汉家初宠用宦官，其后终为宦官所灭。

(3) 路经邛来大山零高坂，峭危峻险，百倍岐道。(《南蛮西南夷列传第七十六》)

李贤注：言诗人虽叹岐道之阻，但以文王之道，人以为夷易,今邛来峭危,甚於岐。

三 点明主旨

所谓点明主旨,就是直接揭示句子所要表达的主旨思想,是对句义的高度概括和提炼,而不是解释句子字面的意思。例如:

(1) 夫功全则誉显,业谢则衅生,回成丧而为其议者,或未闻焉。(《隗嚣公孙述列传第三》)

李贤注:言事之成败在于天命,不由人力。

(2) 夫有桀纣之乱,乃见汤武之功;人久饥渴,易为充饱。(《冯岑贾列传第七》)

李贤注:犹言凋残之后,易流德泽。

(3) 若乃言之者虽诚,而闻之未譬,岂苟进之悦,易以情纳,持正之忤,难以理求乎?(《申屠刚鲍永郅恽列传第十九》)

李贤注:言谄曲则易入,刚直则难进也。

第七节 考释名物、典章制度

《后汉书》中保存着大量的古代事物名称、典章制度、风俗礼仪等。到了唐代,人们对这些内容已经较为陌生,需要进行解释说明,故而李贤等人也对《后汉书》中出现的名物、典章制度等进行了考释。

一　考释名物

对于《后汉书》中出现的比较有特点或不容易理解的名物，李贤等人大都进行了解释。例如：

（1）酒未行，其中一人出刀笔书谒欲贺，其余不知书者起请之，各各屯聚，更相背向。(《刘玄刘盆子列传第一》)

李贤注：古者记事书于简册，谬误者以刀削而除之，故曰刀笔。

（2）蜀地肥饶，人吏富实，掾史家赀多至千万，皆鲜车怒马，以财货自达。(《第五锺离宋寒列传第三十一》)

李贤注：怒马谓马之肥壮，其气愤怒也。

（3）（秦彭）乃为人设四诫，以定六亲长幼之礼。(《循吏列传第六十六》)

李贤注：六亲谓父子兄弟夫妇也。

二　考释典章制度

《后汉书》中保留了一些汉代的典章制度，到了唐代，这些制度已经不为世人所熟知了，故而李贤等人对这些内容进行了考证和阐述。例如：

（1）爵过公乘，得移与子若同产、同产子。(《显宗孝明帝纪第二》)

李贤注：汉制，赐爵自公士已上不得过公乘，故过者得移授也。

· 43 ·

(2) 朔望诸姬主朝请，望见后袍衣疏粗，反以为绮縠，就视，乃笑。(《皇后纪第十上》)

李贤注：《汉律》春曰朝，秋曰请。

(3) 光武知其谋，大怒，收歆置鼓下，将斩之。(《冯岑贾列传第七》)

李贤注：中军将最尊，自执旗鼓。若置营，则立旗以为军门，并设鼓，戮人必于其下。

三 考释历史事件

《后汉书》是二十四史的"前四史"之一，书中记录了大量的历史事件，李贤等人为其作注时，一个非常重要的任务就是要对书中提到的历史事件进行考证和补充，从而让这些历史事实更加翔实具体。例如：

(1) 八月庚子，诏减虎贲、羽林住寺不任事者半奉，勿与冬衣；其公卿以下给冬衣之半。(《孝桓帝纪第七》)

李贤注：《东观记》曰："以京师水旱疫病，帑藏空虚，虎贲、羽林不任事者住寺，减半奉。"据此，谓简选疲弱不胜军事者，留住寺也。

(2) 光武见常甚欢，劳之曰："王廷尉良苦。每念往时，共更艰厄，何日忘之。莫往莫来，岂违平生之言乎？"(《李王邓来列传第五》)

李贤注：艰厄谓帝败小长安，造常壁，与常共破甄阜及王寻等也。

（3）宜鉴啬夫捷急之对，深思绛侯木讷之功也。（《伏侯宋蔡冯赵牟韦列传第十六》）

李贤注：啬夫，官名也。文帝出上林，登虎圈，因问上林尉禽兽簿，不能对。虎圈啬夫从傍代对，响应无穷。文帝拜啬夫为上林令，张释之曰："夫绛侯、东阳侯言事曾不能出口，岂效此啬夫喋喋利口捷急哉？"文帝曰"善"，遂不拜啬夫为上林令。

四 讲述山川地理

古书当中不可避免地会涉及山川地理问题，这就需要注解家们对这些内容进行解释，方便读者理解。李贤注当中也有大量讲述山川地理知识的内容。例如：

（1）八月，岑彭破公孙述将侯丹于黄石。（《光武帝纪第一下》）

李贤注：即黄石滩也。《水经注》曰："江水自涪陵东出百里而届于黄石。"在今涪州涪陵县。

（2）初，军次下隽，有两道可入，从壶头则路近而水崄，从充则涂夷而运远，帝初以为疑。（《马援列传第十四》）

李贤注：壶头，山名也，在今辰州沅陵东。《武陵记》曰"此山头与东海方壶山相似，神仙多所游集，因名壶头山"也。

（3）羌分六七千人攻围晏等，晏等与战，羌溃走。颎急进，与晏等共追之于令鲜水上。（《皇甫张段列传第

五十五》)

李贤注：令鲜，水名，在今甘州张掖县界。一名合黎水，一名羌谷水也。

五 解释风俗礼仪

对于《后汉书》记载的风俗礼仪，李贤注也进行了解释。例如：

(1) 太常其以礿祭之日，陈鼎于庙，以备器用。(《显宗孝明帝纪第二》)

李贤注：《礼记》曰"夏祭曰礿"，音药。礿，薄也。夏物未成，祭尚薄。

(2) (李)忠以丹阳越俗不好学，嫁娶礼仪，衰于中国，乃为起学校，习礼容，春秋乡饮，选用明经，郡中向慕之。(《任李万邳刘耿列传第十一》)

李贤注：校亦学也。《礼记》曰："乡饮酒之义，主人拜迎宾于庠门之外，三揖而后至阶，三让而后升，所以致尊让也。六十者坐，五十者立侍，以听政役，所以明尊长也。合诸乡射，教之乡饮酒之礼，而孝悌之行立。"郑玄注曰："春秋以礼会民于州序也。"

(3) 又诏太常四时致宗庙之胙，河南尹遣丞存问，常以八月旦奉羊、酒。(《邓张徐张胡列传第三十四》)

李贤注：胙，祭庙肉也。礼，凡预祭，异姓则归之胙，同姓则留之宴。

六 解释成语典故

《后汉书》中保存了数量极为丰富的成语和典故,李贤等人进行注释的时候,也对这些成语典故进行了解释。例如:

(1) 今以所重加非其人,望其毗益万分,兴化致理,譬犹缘木求鱼,升山采珠。(《刘玄刘盆子列传第一》)

李贤注:求之非所,不可得也。

(2) 夫至音不合众听,故伯牙绝弦;至宝不同众好,故卞和泣血。(《郑范陈贾张列传第二十六》)

李贤注:伯牙善鼓琴,钟子期善听,相与为友。子期死,伯牙破琴绝弦,不复鼓琴,以时人莫之能听也。见《吕览》。卞和得宝玉,献楚武王,王示玉人,曰"石也",刖其右足。武王殁后,复献之文王,复曰"石也",刖其左足。至成王时,卞和抱其璞于郊,泣尽以血继之,王乃使玉尹攻之,果得宝玉。事见《韩子》也。

(3) 是时朝庭日乱,纲纪颓陁,膺独持风裁,以声名自高。士有被其容接者,名为登龙门。(《党锢列传第五十七》)

李贤注:以鱼为喻也。龙门,河水所下之口,在今绛州龙门县。辛氏《三秦记》曰"河津一名龙门,水险不通,鱼鳖之属莫能上,江海大鱼薄集龙门下数千,不得上,上则为龙"也。

· 47 ·

第八节 校勘

我国的校勘之学始于春秋时期，《国语·鲁语下》中就有相关记载："昔正考父校商之名颂十二篇于周大师，以《那》为首。"① 我国古代真正意义上的校勘始于汉代，此后古书校勘逐渐得到人们的认可与重视，在社会上推广开来。校勘与训诂有着密切的关系，周大璞在《训诂学初稿》一书中指出："汉人的传注常常包含着校勘，郑玄的三《礼》注和《毛诗》笺，尤其是如此。唐人陆德明的《经典释文》也是这样。他于注音释义之外，注意做好校勘工作，把三者密切结合起来。这些都说明校勘就离不开训诂，训诂也离不开校勘。因为校书要有广博的知识，特别是文字、声韵、训诂的知识，而训诂要做到精深，又非辅以校勘不可。"② 李贤等人注解《后汉书》时也开展了校勘工作，现就其校勘内容和校勘方法进行分析。

一 校勘内容

李贤注的校勘内容主要包括三方面。

（一）指明异文

《后汉书》中有许多引自前代文献或与前代文献所载内

---

① （三国吴）韦昭注：《宋本国语》（一），国家图书馆出版社2017年版，第198页。

② 周大璞主编：《训诂学初稿》，武汉大学出版社1987年版，第192—193页。

容相近的语句，李贤等人进行注解时，对这部分内容进行了校勘，将其中与其他典籍所载不一致的地方进行了标注。例如：

(1)（邓）训拥卫稽故，令不得战。(《邓寇列传第六》)

李贤注：稽故谓稽留事故也。《东观记》"稽故"字作"诸故"也。

(2)《诗》云："敬天之威，不敢驱驰。"(《杨震列传第四十四》)

李贤注：《诗·大雅》曰"敬天之怒，无敢戏豫，敬天之渝，无敢驰驱"，与此文稍异也。

(3) 主簿田仪及卓仓头前赴其尸，布又杀之。(《董卓列传第六十二》)

李贤注：《九州春秋》"仪"字作"景"。

(二) 订正讹误

范晔著《后汉书》时难免存在失误，而《后汉书》成书后，在后世传抄刊刻过程中也产生了一些讹误，李贤等人在注解时，也对这些讹误进行了订正。例如：

(1) 皇女义王，建武十五年封舞阳长公主，适陵乡侯太仆梁松。(《皇后纪第十下》)

李贤注：舞阳，县，属颍川郡。松，梁统之子。其传云："尚光武女舞阴公主。"又《邓训传》："舞阴公主子梁扈，有罪，训与交通。"此云舞阳，误也。

(2) 高祖父安世,宣帝时为大司马卫将军,封富平侯。(《张曹郑列传第二十五》)

李贤注:张安世昭帝元凤六年以右将军宿卫忠谨封富平侯,今此言宣帝封,误也。宣帝即位,但益封万户耳。

(3) (向栩) 又似狂生,好被发,著绛绡头。(《独行列传第七十一》)

李贤注:《说文》:"绡,生丝也。从糸肖声。"音消。案:此字当作"幧",音此消反,其字从"巾"。古诗云:"少年见罗敷,脱巾著幧头。"郑玄注《仪礼》云:"如今著幓头,自项中而前,交额上,却绕髻也。"

(三) 提出疑讹

李贤等人在注释过程当中,发现《后汉书》原文可能存在错误,但是又没有明确证据,于是便将疑似有误的地方指出,或在注文中标明"盖误"。例如:

(1) 九月,雁门乌桓及鲜卑叛,败五原郡兵于高渠谷。(《孝安帝纪第五》)

李贤注:《东观记》曰:"战九原高梁谷。"渠梁相类,必有误也。

(2) 沛相师迁坐诬罔国王,下狱死。(《孝灵帝纪第八》)

李贤注:国王,陈愍王宠也。臣贤案:《陈敬王传》云"国相师迁"。又《东观记》曰"陈行相师迁奏,沛相魏愔,前为陈相,与陈王宠交通"。明魏愔为沛相,此言师迁为沛相,盖误也。

(3) 贪其暂安之埶，信其驯服之情，计日用之权宜，忘经世之远略，岂夫识微者之为乎？故微子垂泣于象箸，辛有浩叹于伊川也。(《西羌传第七十七》)

李贤注：《帝王纪》曰："纣作象箸，箕子为父师，叹曰：'象箸不施于土簋，不盛于菽藿，必须犀玉之杯，食熊蹯豹胎。'"臣贤案：《史记》及《韩子》并云"箕子"，今云"微子"，盖误。

二 校勘方法

我国近代史学家陈垣在《校勘学释例》一书中提到，他在校《元典章》时运用了四种校勘方法，即对校法、本校法、他校法、理校法。李贤等人在为《后汉书》作注时，所用的校勘方法也不外乎这四种。现分别举例说明。

（一）对校

陈垣指出，对校法"即以同书之祖本或别本对读，遇不同之处，则注于其旁。刘向《别录》所谓'一人持本，一人读书，若怨家相对者'，即此法也。此法最简便，最稳当，纯属机械法。其主旨在校异同，不校是非，故其短处在不负责任，虽祖本或别本有讹，亦照式录之；而其长处则在不参己见，得此校本，可知祖本或别本之本来面目。故凡校一书，必须先用对校法，然后再用其他校法"[1]。李贤注当中也有许多利用《后汉书》不同版本进行对校的用例。例如：

---

[1] 陈垣：《校勘学释例》，中华书局2016年版，第135页。

(1) 及嚣破，帝东归过汧，幸邁营，劳飨士卒，作黄门武乐，良夜乃罢。(《铫期王霸祭遵列传第十》)

李贤注：良犹深也，本或作"久"。

(2) 叔世偷薄，上下相蒙，德义不足以相洽，化导不能以惩违，遂乃严刑痛杀，随而绳之，致刻深之吏，以暴理奸，倚疾邪之公直，济忍苛之虐情。(《酷吏列传第六十七》)

李贤注：偷，苟且也。本或作"渝"。

(3) 其后四侯转横，天下为之语曰："左回天，具独坐，徐卧虎，唐两堕。"(《宦者列传第六十八》)

李贤注：两堕谓随意所为不定也。今人谓持两端而任意为两堕。诸本"两"或作"雨"也。

古书在传抄刊刻过程中难免会出现衍讹，不同版本的《后汉书》在个别字词上有时也会存在不同。对此，李贤等人没有回避，作注时除所参考版本原文外，又将别本的不同之处列出，供读者参考。

(二) 本校

陈垣指出，"本校法者，以本书前后互证，而抉摘其异同，则知其中之谬误。吴缜之《新唐书纠谬》，汪辉祖之《元史本证》，即用此法。此法于未得祖本或别本以前，最宜用之"[①]。李贤等人在作注时，也注意到了所参考的《后汉书》版本有时存在前后记载不一致的情况。例如：

[①] 陈垣：《校勘学释例》，中华书局2016年版，第136页。

第一章 《后汉书》李贤注的训诂内容

(1) 是月，立阜陵王代兄勃遒亭侯便为阜陵王。(《孝桓帝纪第七》)

李贤注：便，光武玄孙也，阜陵王恢之子，以顺帝阳嘉中封为勃遒亭侯，今改封也。遒音子由反。本传作"便亲"，纪传不同，盖有误。

按：李贤等人在注解时发现，"勃遒亭侯"之名在《后汉书》中的记载并不一致，《孝桓帝纪》载其名为"便"，而《光武十王列传》载其名为"便亲"。

阳嘉二年，封代兄便亲为勃遒亭侯。(《光武十王列传第三十二》)

建和元年，桓帝立勃遒亭侯便亲为恢嗣，是为恭王。(《光武十王列传第三十二》)

同一本书中，前后记载不一致，李贤等人无法明确判断哪一个是正确的，于是仅标明"盖有误"。

(2)（冯）奋弟由，黄门侍郎，尚平安公主。(《伏侯宋蔡冯赵牟韦列传第十六》)

李贤注：章帝女也。臣贤案：《东观记》亦云安平，《皇后纪》云由尚平邑公主，纪传不同，未知孰是。

按：李贤等人在注解时发现，冯由妻子的封号在《东观汉记》中写作"安平"，在《后汉书》中的记载也并不一致，传曰"平安"，《皇后纪》则曰"平邑"。

· 53 ·

皇女王，四年封平邑公主，适黄门侍郎冯由。(《皇后纪第十下》)

李贤等人无法明确判断哪一个是正确的，于是仅标明"未知孰是"。

(3) 事发觉，文等遂劫清河相谢暠，将至王宫司马门，曰："当立王为天子，暠为公。"(《章帝八王传第四十五》)

李贤注：帝纪"谢"作"射"，盖纪传不同。

按：李贤等人在注解时发现，"清河相"之名在《后汉书》中的记载并不一致，《章帝八王传》载其名为"谢暠"，《孝桓帝纪》载其名为"射暠"。

清河刘文反，杀国相射暠，欲立清河王蒜为天子，事觉伏诛。(《孝桓帝纪第七》)

同一本书中，前后记载不一，李贤等人无法明确判断哪一个是正确的，于是仅标明"盖纪传不同"。

(三) 他校

陈垣指出，"他校法者，以他书校本书。凡其书有采自前人者，可以前人之书校之，有为后人所引用者，可以后人之书校之，其史料有为同时之书所并载者，可以同时之书校之。此等校法，范围较广，用力较劳，而有时非此不能证明其讹误"①。李贤等人在作注时，也常常使用他校法。例如：

---

① 陈垣：《校勘学释例》，中华书局2016年版，第137页。

（1）（贾）复马羸，光武解左骖以赐之。(《冯岑贾列传第七》)

李贤注：骖者，服外之马也。《东观记》《续汉书》"左"并作"右"。

（2）及庞萌反，攻杀楚郡太守，引军袭败延，延走，北度泗水，破舟楫，坏津梁，仅而得免。(《吴盖陈臧列传第八》)

李贤注：《东观记》《续汉书》皆云萌攻延，延与战，破之。诏书劳延曰："庞萌一夜反畔，相去不远，营壁不坚，殆令人齿欲相击，而将军有不可动之节，吾甚美之。"此传言"仅而得免"，与彼不同。

（3）武王入殷，先去炮格之刑。(《张王种陈列传第四十六》)

李贤注：《史记》及《帝王代纪》皆言文王为西伯，献洛西之地，请除炮格之刑。今云武王，与此不同。

上述三例中，相同的历史事件，《后汉书》与其他著作中的记载不一致，李贤等人在作注时，也注意将其他著作中的相关记载收录进来，供读者参考。

（四）理校

陈垣指出，"段玉裁曰：'校书之难，非照本改字不讹不漏之难，定其是非之难。'所谓理校法也。遇无古本可据，或数本互异，而无所适从之时，则须用此法。此法须通识为之，否则卤莽灭裂，以不误为误，而纠纷愈甚矣。故最高妙者此法，最危险者亦此法"[①]。李贤等人在校勘过程中，遇到各版

---

① 陈垣：《校勘学释例》，中华书局2016年版，第138—139页。

本所载内容不一致的情况时，也会尝试采用理校法来判断何版本所载为确。例如：

> 祝毕，有司穿坎于庭，牵马操刀，奉盘错鍉，遂割牲而盟。曰："凡我同盟三十一将，十有六姓，允承天道，兴辅刘宗。如怀奸虑，明神殛之。高祖、文皇、武皇，俾坠厥命，厥宗受兵，族类灭亡。"有司奉血鍉进，护军举手揖诸将军曰："鍉不濡血，歃不入口，是欺神明也，厥罚如盟。"既而薶血加书，一如古礼。（《隗嚣公孙述列传第三》）

> 李贤注：萧该音引《字诂》"鍉即题，音徒启反"。《方言》曰"宋楚之间，谓盎为题"。据下文云"鍉不濡血"，明非盆盎之类。《前书·匈奴传》云"汉遣韩昌等与单于及大臣俱登诺水东山，刑白马，单于以径路刀、金留犁挠酒"。应劭云"留犁，饭匕也。挠，扰也。以匕搅血而歃之"。今亦奉盘措匙而歃也。以此而言，题即匙字。错，置也，音七故反。

按：古书中关于"鍉"的解释存在争议，各家意见不一致，李贤等人在充分收集资料的基础上，排除错误注释，提出自己的判断。

第九节　发凡起例

所谓"发凡起例"，是指作者对书籍编写目的和体例所进行的说明，对读者阅读书籍具有指导性作用。训诂学家在对古书进行注解的时候也有发凡起例的内容,大致可以分为两种类型,一种是对原文的体例进行说明,另一种是对自己所作的注解内容体例进行说明。唐朝之前,注解家多采用写一本专书的方式来对古书的体例进行说明,如杜预《春秋例释》。唐宋之后,注解家们写有关发凡起例的内容时,多采用随文而释的办法,不再单著专书。李贤注当中也有发凡起例的内容,且都是针对《后汉书》原文而言的,但数量较少。例如:

(1)斌还,迁执金吾,封都亭侯,食邑五百户。(《皇后纪第十下》)

李贤注:凡言都亭者,并城内亭也。汉法,大县侯位视三公,小县侯位视上卿,乡侯、亭侯视中二千石也。

(2)单于居车儿立二十五年薨,子某立。(《南匈奴列传第七十九》)

李贤注:凡言"某"者,史失其名,故称"某"以记之。

第十节　指明文献出处

《后汉书》原文当中有一部分引自前代典籍的内容并没有标明出处或详细篇目,不利于读者阅读和查证,李贤等人在注释的时候,通常会将这些引文的出处补充完整。例如:

(1)王者至尊,出入有常,警跸而行,静室而止,自非郊庙之事,则銮旗不驾。故《诗》称"自郊徂宫",

《易》曰"王假有庙，致孝享也"。(《杨震列传第四十四》)

李贤注：(自郊徂宫)《诗·大雅·云汉》之词也。(王假有庙，致孝享也)《萃卦》词也。

(2)"安人则惠，黎民怀之。"(《左周黄列传第五十一》)

李贤注：《尚书·皋陶谟》之词也。

(3)《书》陈"谋及庶人"，《诗》咏"询于刍荛"。(《吴延史卢赵列传第五十四》)

李贤注：《尚书·洪范》曰"谋及卿士，谋及庶人"也。《诗·大雅》曰："先人有言，询于刍荛。"毛苌注云："刍荛，采薪者也。"

(4) 故曰："苟非其人，道不虚行。"(《方术列传第七十二上》)

李贤注：《易·系辞》之文也。

通过上述分析我们可以看到，《后汉书》李贤注的训诂内容是非常丰富的，而在诸多训诂内容当中，释词是重点所在，数量也最多。在进行注释的时候，李贤等人博采众长，既有对前人注解的借鉴与继承，也有自己的独到见解，为后人阅读《后汉书》提供了方便。尽管在今天看来，李贤注中还存在许多不够完善的地方，但仍对今人研究《后汉书》具有重要的参考意义。

第二章 《后汉书》李贤注的训诂术语

每一个学科都有自己的专门用语，我们称之为术语。要学习某一学科的知识，就必须掌握这个学科的术语，否则就难以进行深入研究，训诂学领域也是如此。在我国的古注文献当中，有许多用来注音、释义、校勘、破通假的术语，这些训诂术语不仅是读者理解和使用古注文献的重要抓手，而且也是研究者探索汉语发展变化规律的重要参考，对于继承和发展训诂学而言更是不可或缺的。《后汉书》李贤注也使用了大量的训诂术语，种类多样，涉及面广，为了更好地阅读和使用李贤注，我们有必要对书中的训诂术语进行详细讨论。经过统计整理，我们大致可以将李贤注中的训诂术语分为四大类，现分别论述并举例说明。

第一节 注音术语

古人给汉字注音的方法有很多种，如譬况法、直音法、协韵法、反切法等，不同的注音方法也会使用不同的术语。根据我们的统计，李贤注主要使用了三种注音方法，分别是直音法、反切法、协韵法。为了更好地了解李贤注中的注音术语，现将注音方法与注音术语一并进行讨论。

一 直音法

所谓直音法，就是用同音字来给汉字注音的方法。古人最初给汉字注音时采用的并不是直音法，而是譬况法和读若法。譬况法是对汉字的发音方式进行描述以表示其读音的方法，如"长言""短言""急气""缓气"等。读若法则是用音近字来给汉字注音的方法。显然，这两种注音方法的主观性都比较强，很难准确标注出汉字的读音，于是自东汉末年开始，注解家们开始使用直音法来给汉字注音。直音法在李贤注当中比较常见，根据我们的统计，李贤注当中一共出现了600余例直音，通常用术语"读曰"和"音"来表示。

（一）读曰

"读为""读曰"和"读若""读如"是古书注解当中常见的两组术语。段玉裁在《说文解字注》中说："凡言读若者，皆拟其音也。凡传注言读为者，皆易其字也。注经必兼兹二者，故有读为，有读若。读为亦言读曰，读若亦言读如。字书但言其本字本音，故有读若，无读为也。读为读若之分，唐人作正义，已不能知为与若两字，注中时有讹乱。"[1] 段玉裁认为，"读若""读如"是用来注音的术语，而"读为""读曰"则是用来说明假借字的术语，但在许多唐代古注当中，

---

[1] （清）段玉裁：《说文解字注》，中华书局2013年版，第6页下栏。

这两组术语已经没有十分严格的功能区分,使用时经常互有交叉。根据我们的统计,李贤注当中只出现了"读曰",其余三个术语均未出现,可能是注书时对体例进行了统一要求,这也使得李贤注中的"读曰"兼及注音和破通假两项功能。当"读曰"用作注音术语时,一般的格式是"某读曰某","读曰"之前的字是被注音字,"读曰"之后的字是用来注音的字。例如:

(1) 焱焱炎炎,扬光飞文,吐熖生风,吹野燎山,日月为之夺明,丘陵为之摇震。(《班彪列传第三十下》)

李贤注:震读曰真。

(2) 遂出贵人姊妹置丙舍,使小黄门蔡伦考实之,皆承讽旨傅致其事,乃载送暴室。(《章帝八王传第四十五》)

李贤注:傅读曰附。

(3) 又沛人高相传《易》,授子康及兰陵毋将永,为高氏学。(《儒林列传第六十九上》)

李贤注:毋读曰无。

(二) 音

李贤注中用"音"来给汉字注音,通常格式为"某音某","音"前面是被注音的字,"音"后面是用来注音的字。例如:

(1) 蜀地肥饶,兵力精强,远方士庶多往归之,邛、

笮君长皆来贡献。(《隗嚣公孙述列传第三》)

李贤注：笮音昨。

(2) 南羁鉤町，水剑强越。(《文苑列传第七十上》)

李贤注：鉤町音劬挺。

(3) 邓鸿还京师，坐逗留失利，下狱死。(《南匈奴列传第七十九》)

李贤注：逗音豆。

总体来看，直音法是一种非常简单直观的注音方法，但这种方法也存在明显的缺点。如果某个字的同音字较少，那么用来注音的字可能会是一个更为生僻的字；又或者某个字恰巧没有同音字，那么直音法就起不到注音的作用了。

"某音某"虽然是直音法的常用术语，但是我们在对李贤注进行分析整理时发现，李贤等人在注音的时候，有时会在"音"后面加上反切读音，所以李贤注中的"音"已经不再是直音法的专有术语了，而是与反切法也存在联系的。例如：

(1) 更始既未有所挫，而不自听断，诸将皆庸人屈起，志在财币，争用威力，朝夕自快而已，非有忠良明智，深虑远图，欲尊主安民者也。(《邓寇列传第六》)

李贤注：屈音求勿反。

(2) 及王郎起，光武自蓟东南驰，晨夜草舍，至饶阳无蒌亭。(《冯岑贾列传第七》)

李贤注：蒌音力于反。

(3) 又辽东苏仆延，众千馀落，自称峭王。(《乌桓鲜卑列传第八十》)

李贤注：峭音七笑反。

二 反切法

由于直音法存在明显弊端，不能很好地满足给汉字注音的需要，后来人们又发明了反切法。所谓反切法，是用两个汉字拼出一个字读音的方法，其原理是上字取其声母，下字取其韵母和声调，拼合成一个字的读音。反切法起源于东汉，兴盛于魏晋，并且在很长一段历史时期内都是古人常用的汉字注音方法。反切法虽然广泛流行，但直音法也并没有消失，仍然被注解家们继续使用。李贤注当中大部分的字音都是用反切法来标注的。根据我们的统计，李贤注当中共有反切注音1100余例，常用的术语就是我们前面已经提及的"某音某某反"。例如：

（1）（曹）操出，顾左右，汗流浃背，自后不敢复朝请。(《皇后纪第十下》)

李贤注：浃，彻也，音子协反。

（2）逮及亡新，时汉之衰，偷忍渊囹，篡器慢违，徒以执便，莫能卒危。(《文苑列传第七十上》)

李贤注：卒音仓忽反。

（3）献帝初平中，丘力居死，子楼班年少，从子蹋顿有武略，代立，总摄三郡，众皆从其号令。(《乌桓鲜卑列传第八十》)

李贤注：蹋音大蜡反。

例（1）、例（3）中的"浹"字和"蹋"字不常见，故而用反切法来标出其读音。例（2）中的"卒"是个常见字，李贤还要给它注音，是因为"卒"是多音字，在这里的读音相当于"猝"。

需要说明的是，在"音"后面标注反切注音并非李贤等人首创，在唐代之前的古注中就已经出现过这类用法。如《三国志·魏书·文帝纪第二》曰："礼，国君即位为椑，存不忘亡也。"裴松之注曰："椑，音扶历反。"①

三 协韵法

所谓协韵法，就是用改变字音的方式使在当时读起来已经不押韵的古代韵文重新变得和谐押韵。协韵法并不是一种科学的注音方法，它的出现是因为古代注解家们还没有认识到语音是发展变化的，是因时因地而不同的。一直到了明代，音韵学家陈第对协韵提出批判，主张古籍反映的是古音，不能以今音为依据对古书中不合韵脚的字进行随意改读以求合韵。然而在唐代，李贤以及当时参与注解《后汉书》的文人学者还没有正确认识这个问题，故而李贤注当中仍然使用了协韵法来注音。根据统计，李贤注当中共有41处使用协韵法注音，且在术语的使用方面有着细微的差别，比较常用的是"某协韵音某某反""某音协韵某""某协韵音某"，这应当与李贤注书成众人之手，体例未能完全统一有关。与此同时，我们也发现，李贤等人在使用协韵时多与反切法相结合，诸多协韵用例中，

---

① （晋）陈寿：《三国志》卷2，陈乃乾校点，中华书局1959年版，第81页。

"某协韵音某某反"的出现频率最高。例如：

(1) 赞曰：灵帝负乘，委体宦孽。征亡备兆，《小雅》尽缺。麋鹿霜露，遂栖宫卫。(《孝灵帝纪第八》)

李贤注：卫，协韵音于别反。

(2) 攒射干杂蘪芜兮，搆木兰与新夷；光扈扈而炀燿兮，纷郁郁而畅美。(《冯衍传第十八下》)

李贤注：夷音协韵异。美音协韵媚。

(3) 幸赖大贤，我矜我怜，昔济我南，今振我西。(《文苑列传第七十下》)

李贤注：西，协韵音先。

有时候，李贤等人也会先注出该字在当时的读音，然后再注出协韵的读音，但是这种情况在李贤注中较为少见。例如：

(1) 季宁拒策，城陨冲䡊。(《郭杜孔张廉王苏羊贾陆列传第二十一》)

李贤注：**䡊**，兵车也，音彭，协韵音普滕反。

(2) 荣显未副，从而颠踣，下获熏胥之辜，高受灭家之诛。(《蔡邕列传第五十下》)

李贤注：踣音步北反，协韵音赴。

经过统计分析，我们可以看到，李贤注当中的协韵法用例非常少，且几乎都是用来为《后汉书》所引用的前人韵文注音。可见，在李贤所生活的时代，人们还没有认识到从古至今语音是变化发展的。与此同时，我们也看到，李贤注使用协韵法注音的字基本上都是一些常见字，即便没有注音，当时的读书人也普遍会读，故而李贤注对这些字通常仅标注协韵，而不注明其在唐代的读音。对于个别既注明当时的读音，又注明协韵的情况，应当是被注音的字在当时并不常见的缘故。

四 关于"又音"

李贤等人在给《后汉书》中的生僻字注音时，经常会同时标注两个读音，我们将这种情况统称为"又音"现象，出现在前面的读音叫作"首音"，后面的读音叫作"又音"。这两个读音有时都是直音，有时是一个直音加一个反切，有时则都是反切（前面在我们讲"协韵"时也提到了同时标注两个字音的现象，但协韵仅在为古韵文注音时使用，且不是科学的注音方法，故而不将其归为"又音"）。经过我们的统计，李贤注中共有"又音"26例。其中，一个字同时标注两个读音且都使用直音法的有2例，两个读音一个使用直音法、另一个使用反切法的有11例，两个读音都使用反切法的有13例。例如：

（1）今西州边鄙，土地墝埆，鞍马为居，射猎为业，男寡耕稼之利，女乏机杼之饶，守塞候望，悬命锋镝，闻急长驱，去不图反。（《李陈庞陈桥列传第四十一》）

李贤注：墝音觉，又音确，谓薄土也。

（2）诸君各据州郡，宜共勠力，尽心王室，而反造逆谋，以相垢误邪！（《刘虞公孙瓒陶谦列传第六十三》）

· 66 ·

李贤注：(勮) 音力凋反，又音六。

（3）元帝时，彡姐等七种羌寇陇西，遣右将军冯奉世击破降之。(《西羌传第七十七》)

李贤注：彡音先廉反，又所廉反。

造成"又音"现象的原因是较为复杂的。从大的社会背景来看，随着时代的不断发展，汉字的数量已经无法满足日常语言表达的需要，于是一字多义就成了缓和这一矛盾的有效办法，也正因为一字多义现象的存在，使得字音成了判定字义的重要依据。字音不明则字义不定，故而训诂学家在进行注解的时候会努力标出与原文内容相符的读音，在这之后可能会再根据不同的需要列出其他读音，于是便出现了古注中的"又音"。就李贤注当中的"又音"而言，大致包含以下几种情况。

第一，某字有两个读音，分别代表两种不同的意义，其中，一个符合《后汉书》原文的音义要求，于是将其列为"首音"，另一个读音则列为"又音"，以求全面。例如：

当吾在浪泊、西里间，虏未灭之时，下潦上雾，毒气重蒸，仰视飞鸢跕跕墯水中，卧念少游平生时语，何可得也！(《马援列传第十四》)

李贤注：跕跕，墯貌也。跕音都牒、泰牒二反。

按："跕"在《后汉书》古刻本中写作"跕"，中华国学文库本《后汉书》改为"跕"，为引证方便，我们论述时仍使用"跕"字。"跕"音"都牒反"，意为"坠落"，如元稹《和乐天送客游岭南二十韵》："鸢跕方知瘴，蛇苏不待春。"① 而"跕"音"泰牒反"，意为"跕屣"，即拖着鞋子，脚尖轻轻着地走路。《史记·货殖列传》："女子则鼓鸣瑟，跕屣，游媚贵富，入后宫，遍诸侯。"裴骃集解引张晏曰："跕，屣也。"②《汉书·地理志》："女子弹弦跕躧，游媚富贵，遍诸侯之后宫。"颜师古注曰："跕音它颊反。躧字与屣同。屣谓小履之无跟者也。跕谓轻蹑之也。"③ 二者音义皆不同，"都牒反"符合原文要求，而列出"泰牒反"只为求全面。

第二，某字有两个读音，但是，李贤等人不能确定哪个读音符合《后汉书》原文的音义要求，于是将两个读音都列出来，供读者参考。例如：

明年春，羌封僇、良多、滇那等酋豪三百五十五人率三千落诣颎降。（《皇甫张段列传第五十五》）

李贤注：僇音良逐反，又力救反。

按：《广韵》中"僇"有两个读音。其一收录在《广韵·宥韵》，音力救切，意为"癃行貌"④；其二收录在《广韵·屋韵》，音力竹切，意为"癃行"⑤。所谓"癃行"即行动迟缓。

---

① 王启兴主编：《校编全唐诗》，湖北人民出版社2001年版，第2291页。
② （汉）司马迁：《史记》卷129，中华书局1959年版，第3263—3264页。
③ （汉）班固撰，（唐）颜师古注：《汉书》卷28，中华书局1962年版，第1655页。
④ （宋）陈彭年等编：《宋本广韵·永禄本韵镜》，江苏教育出版社2005年版，第127页上栏。
⑤ （宋）陈彭年等编：《宋本广韵·永禄本韵镜》，江苏教育出版社2005年版，第133页上栏。

"幖"的两个读音所代表的意义相近，李贤等人在当时可能也无法确定哪个读音更为确切，于是将两个音都列出来，以供读者参考。

第三，有时列出"又音"是为了辨通假。例如：

> （公孙）述乃悉散金帛，募敢死士五千馀人，以配岑于市桥，伪建旗帜，鸣鼓挑战，而潜遣奇兵出吴汉军后，袭击破汉。（《隗嚣公孙述列传第三》）
> 李贤注：帜，幡也。帜音昌忌反，又式志反。

按："帜"音"昌忌反"，意为"旗帜"，而"帜"又可通"识"，所谓"式志反"应当是"识"的读音。《史记·高祖本纪》曰："帜皆赤，由所杀蛇白帝子，杀者赤帝子，故上赤。"司马贞索隐曰："帜，或作'识'，或作'志'。嵇康音试。萧该音炽。"①《汉书·高帝纪》："帜皆赤，由所杀蛇白帝子，所杀者赤帝子故也。"颜师古注曰："帜，幖也，音式志反。旗旐之属，帜即总称焉，史家字或作识，或作志，音义皆同。"② 而《汉书·郊祀志》："常从武安侯宴，坐中有年九十余老人，少君乃言与其大父游射处，老人为儿从其大父，识其处，一坐尽惊。"颜师古注曰："识，记也，音式志反。"③ 可见，"帜"与"识"通，李贤等人为了辨析通假音，在"首音"后面又加注了"帜"的通假音。

---

① （汉）司马迁：《史记》卷8，中华书局1959年版，第350—351页。
② （汉）班固撰，（唐）颜师古注：《汉书》卷1，中华书局1962年版，第10—11页。
③ （汉）班固撰，（唐）颜师古注：《汉书》卷25，中华书局1962年版，第1216—1217页。

第四，有时将某字的今音列为"首音"，将其古音、方言音等列为"又音"。例如：

左悺，河南平阴人。(《宦者列传第六十八》)

李贤注：悺①音工奂反，又音绾。

按："悺"今音"工奂反"，而"绾"则是古音。李贤等人在《孝桓帝纪》中也指出，"悺"的古字作"悹"，古音为"绾"。

赖宗庙之灵，及中常侍单超、徐璜、具瑗、左悺、唐衡、尚书令尹勋等激愤建策，内外协同，漏刻之间，桀逆枭夷。(《孝桓帝纪第七》)

李贤注：《说文》曰："悹，忧也。"音工奂反。今作心旁官，即"悹"字也，今相传音绾。

可见，李贤等人认为"工奂反"是今音，故而将其列为"首音"，将古音"绾"列为"又音"。

第二节 释词解句术语

释词解句在李贤注的训诂内容中占有相当大的比重，与此相应，李贤注中关于释词解句的术语也非常丰富。现分别加以讨论说明。

---

① 此处中华国学文库本《后汉书》写作"叚"，本书据前后文并参考他本改为"悺"。

一　某，某也；某者，某也；某者，某；某也者，某也

这一组术语最明显的特征就是使用判断句的形式来解释词语，前半句是被释词，后半句是用于释义的内容。古代汉语的判断句常常不出现系词，而是使用特定的判断句式来表示判断意义，"者"和"也"就是判断句中的重要标志。训诂学家在对词义进行解释的时候，也经常使用判断句来表达自己对某个词所代表的意义的判断，因而"者"和"也"的组合也是非常重要的训诂术语，多用于同义词相训，有时也用来解释某个特定的词或者特定的词组、句子。

（一）某，某也

"也"字位于注解内容的末尾，用来表示一种判断意义。例如：

（1）宫卫近侍，并所亲树，禁省起居，纤微必知。（《梁统列传第二十四》）

李贤注：树，置也。

（2）观夫仁孝之辩，纷然异端，互引典文，代取事据，可谓笃论矣。（《吴延史卢赵列传第五十四》）

李贤注：代，更也。

（3）及武帝遣骠骑将军霍去病击破匈奴左地，因徙乌桓于上谷、渔阳、右北平、辽西、辽东五郡塞外，为汉侦察匈奴动静。（《乌桓鲜卑列传第八十》）

李贤注：侦，觇也，音丑政反。

按：《说文》曰："侦，问也。"① "觇，窥也。"② 二者并不同义，随着时代的发展，"侦"的词义进一步引申，"侦"与"觇"变为同义词，皆为"侦查、窥视"之义。

(二) 某者，某也

"者"和"也"搭配使用，"者"字位于被注释的词之后，起停顿强调的作用；"也"位于注释内容之后，表示判断意义。例如：

(1)（孝安帝）年十岁，好学《史书》，和帝称之，数见禁中。(《孝安帝纪第五》)

李贤注：《史书》者，周宣王太史籀所作之书也。

(2) 绝交面朋，崇厚浮伪。(《朱乐何列传第三十三》)

李贤注：浮伪者，劝之以崇厚也。

(3) 又少见谶书，言"代汉者当涂高"，自云名字应之。(《刘焉袁术吕布列传第六十五》)

李贤注：当涂高者，魏也。

按："代汉者当涂高"是汉代谶书中的一句隐语，在这里李贤认为"当涂高"这个特定名词指的是三国时的魏国。

(三) 某者，某

"者"字位于被注释的词之后，起停顿强调作用，功能与

---

① （汉）许慎：《说文解字校订本》卷8，班吉庆等点校，凤凰出版社2004年版，第231页。

② （汉）许慎：《说文解字校订本》卷8，班吉庆等点校，凤凰出版社2004年版，第244页。

"某者，某也"相同。例如：

唐尧大圣，兆人获所，尚优游四凶之狱，厌服海内之心，使天下咸知，然后殛罚。(《朱冯虞郑周列传第二十三》)

李贤注：四凶者，鲧、共工、驩兜、三苗。

(四) 某也者，某也

"某也者，某也"其实是"某者，某也"的变形，两者在功能上没有区别。例如：

荷爵负乘，采食名都。(《文苑列传第七十上》)

李贤注：负也者，小人之事也。乘也者，君子之器也。

二 曰；为；之谓；谓之

"曰""为""之谓""谓之"等训诂术语，主要作用是用来下定义和设立界说，其特点是被解释的词都要放在这几个术语的后面。这些术语在李贤注当中也都有出现，现分别举例说明。

(一) 曰

"曰"相当于现代汉语中的"叫作"，被解释的词语都放在"曰"的后面。例如：

(1) 东过洛汭，叹禹之绩。(《显宗孝明帝纪第二》)

李贤注：水北曰汭。

(2) 既至，大会群臣，赐束帛乘马，宠灵显赫，光震都鄙。(《邓寇列传第六》)

李贤注：驷马曰乘。

(3) 今丧乱过纪，国家未定，方当与君图之。(《袁绍刘表列传第六十四上》)

李贤注：十二年曰纪。

当两个"曰"连用时，往往是为了将一组意义相近、相关或相对的词进行辨析和比较。例如：

(1)（光武）性勤于稼穑，而兄伯升好侠养士，常非笑光武事田业，比之高祖兄仲。(《光武帝纪第一上》)

李贤注：种曰稼，敛曰穑。

按："稼"意为种植谷物，"穑"意为收获谷物，"种植"与"收获"两者意思相对，两个"曰"连用，就构成了对"稼"和"穑"的比较。

(2) 垂露成帷，张霄成幄。(《王充王符仲长统列传第三十九》)

李贤注：在旁曰帷，在上曰幄。

按："帷"和"幄"同为用布帛制作的遮蔽物，但是又存在区别。"帷"是环绕四周的，而"幄"是由上覆下的，两个"曰"连用，就构成了对"帷"和"幄"的辨析。

(3) 譬犹衡阳之林，岱阴之麓，伐寻抱不为之稀，

蓺拱把不为之数。(《崔骃列传第四十二》)

　　李贤注：山南曰阳，山北曰阴。

　　按：这里的"阳"和"阴"用来表示日光的位置，向阳的为"阳"，背阴的为"阴"。我国地处北半球，太阳东升再向南偏移然后西落，山的南面是向阳面，山的北面为背阴面，故山南为"阳"，山北为"阴"，二者意义相对，两个"曰"连用，就构成了对"阳"和"阴"的辨析。

（二）为

"为"相当于现代汉语中的"叫作"，被解释的词语也要放在"为"的后面，多用于对一组意义相近、相关或相对的词进行辨析和比较。例如：

　　(1) 车可以引避，引避之；骈马可辍解，辍解之。(《肃宗孝章帝纪第三》)

　　李贤注：夹辕者为服马，服马外为骈马。

　　按：古代的马车多用四匹马拉车，中间夹辕的两匹马称为"服马"，在外面的两匹称为"骈马"，两个"为"连用，构成了对二者的辨析。

　　(2) 永行县到霸陵，路经更始墓，引车入陌，从事谏止之。(《申屠刚鲍永郅恽列传第十九》)

　　李贤注：南北为阡，东西为陌。

　　按："阡陌"意为田间小路，南北走向的称为"阡"，东

· 75 ·

西走向的称为"陌",两个"为"连用,构成了对二者的辨析。

(三) 之谓

"之谓"和"谓之"的作用相似,但是又存在区别。戴震在《孟子字义疏证·绪言卷上》中写道:"古人言辞,'之谓''谓之'有异:凡曰'之谓',以上所称解下,如《中庸》'天命之谓性,率性之谓道,修道之谓教',此为性、道、教言之,若曰性也者天命之谓也,道也者率性之谓也,教也者修道之谓也;《易》'一阴一阳之谓道',则为天道言之,若曰道也者一阴一阳之谓也。"① 也就是说,"之谓"的意思相当于现代汉语中的"叫作",被解释的词通常要放在"之谓"的后面。"之谓"在李贤注当中的用例很少。例如:

(1) 诚能回观物之智而为反身之察,若施之于人则能恕,自鉴其情亦明矣。(《马援列传第十四》)

李贤注:见人之谓智,自见之谓明。

(2) 故率性而行谓之道,得其天性谓之德。(《朱乐何列传第三十三》)

李贤注:天之所命之谓性,不失天性是为德。

(3) 絷余马以安行,俟性命之所存。(《崔骃列传第四十二》)

李贤注:天命之谓性。

---

① (清) 戴震:《孟子字义疏证》,何文光整理,中华书局1982年版,第79—80页。

但是也有例外,即被解释的词出现在了"之谓"前面。例如:

(1) 引见,帝谓公卿曰:"是我起兵时主簿也。为吾披荆棘,定关中。"(《冯岑贾列传第七》)

李贤注:荆棘,榛梗之谓,以喻纷乱。

(2) 嘉孔丘之知命兮,大老聃之贵玄。(《冯衍传第十八下》)

李贤注:玄者,幽寂之谓也。

一般来说,"某之谓某"的"之"是一个结构助词,起到取消句子独立性的作用;而"某,某之谓"当中的"之"则不再是结构助词,而是充当宾语前置的标志,用来复指前面的宾语。如"荆棘,榛梗之谓"与"荆棘,谓榛梗"所表达的意义相同,"玄者,幽寂之谓"与"玄者,谓幽寂"的意义相同。

(四) 谓之

"谓之"可以简单地译为"叫作",被解释的词用在"谓之"的后面。"谓之"用来引出被解释的对象,作用与"之谓"相同。据统计,"谓之"在李贤注中出现了50余次。例如:

(1) 燔燎告天,禋于六宗,望于群神。(《光武帝纪第一上》)

李贤注:精意以享谓之禋。

(2) 大为修冢茔,开神道,平夷吏人冢墓以千数,作者万馀人。(《光武十王列传第三十二》)

李贤注:墓前开道,建石柱以为标,谓之神道。

(3)(张)奂并受之,而召主簿于诸羌前,以酒酹地曰:"使马如羊,不以入厩;使金如粟,不以入怀。"悉以金马还之。(《皇甫张段列传第五十五》)

李贤注:以酒沃地谓之酹。

除了解释词义之外,"谓之"也经常用来区别一组意义相关的词,戴震在《孟子字义疏证·绪言卷上》中说道:"凡曰'谓之'者,以下所称解上,如《中庸》'自诚明谓之性,自明诚谓之教',此非为性教言之,以性教区别'自诚明''自明诚'二者耳。"[1] 也就是说,当几个"谓之"连用的时候,"谓之"前面的内容是用来区别"谓之"后面的被释词的,而不是直接对被释词作出解释,其意义同样相当于现代汉语中的"叫作",但是又与前面所讲的"之谓"有所不同。例如:

(1) 封神丘兮建隆碣,熙帝载兮振万世。(《窦融列传第十三》)

李贤注:方者谓之碑,员者谓之碣。碣亦碣也,协韵音其例反。

---

[1] (清)戴震:《孟子字义疏证》,何文光整理,中华书局1982年版,第80页。

按:"碑"和"碣"指的都是石碑,区别在于形状不同,"方顶"的叫作"碑","圆顶"的叫作"碣"。"方者"和"员者"并不是"碑"和"碣"的完整词义,却可以将二者区别开来,同样达到了注释的目的。

(2) 内则别风之嶕峣,眇丽巧而竦擢,张千门而立万户,顺阴阳以开阖。(《班彪列传第三十上》)

李贤注:合谓之阴,开谓之阳。

按:该句出自《后汉书》所载班彪《西都赋》,此处的"阴"和"阳"指的是时间,"阴"为夜晚,"阳"为白昼,门户朝开而夕合,故而"阴"对应"合","阳"对应"开"。

(3) 建武五年,乃修起太学,稽式古典,笾豆干戚之容,备之于列,服方领习矩步者,委它乎其中。(《儒林列传第六十九上》)

李贤注:笾豆,礼器也。竹谓之笾,木谓之豆。

按:"笾"和"豆"都是祭祀时使用的礼器,二者的区别在于材质不同,竹制的叫作"笾",木制的叫作"豆"。

三 谓

"谓"可以译作"是说"或"指的是"。"谓"与"之谓""谓之"的用法不同,使用"谓"的时候,被解释的词不是放在"谓"后面,而是放在"谓"前面。李贤注中术语"谓"的使用情况大致可以分为三种。

（一）解释词义

李贤注中，解释词义是"谓"最为常见的功能，而且"谓"后面的释义内容大多不是词语的本义，而是词语的语境义。例如：

（1）深惟先帝忧人之本，诏书曰"不伤财，不害人"，诚欲元元去末归本。（《肃宗孝章帝纪第三》）

李贤注：本谓稼穑。

按："本"本义为草木的根部，在句中具体指的是农业生产活动。

（2）昔秦失其守，豪桀并起，汉祖无前人之跡，立锥之地，起于行阵之中，躬自奋击，兵破身困者数矣。然军败复合，创愈复战。何则？（《隗嚣公孙述列传第三》）

李贤注：军败谓战于睢水上，为楚所破，后得韩信军，复大振也。创愈谓在于成皋间，项羽射伤汉王胸，后复战。

按："军败"本义为战败，在这里具体指的是彭城之战时刘邦被项羽困于睢水，几乎全军覆没。"创愈"本义为创伤愈合，这里指的是楚汉相争时项羽曾用弓箭射中刘邦的胸部，但刘邦对外谎称自己被射中了脚，并强忍疼痛带伤劳军，最终稳定了军心。

(3) 季文诚能觉悟成败，亟定大计，论功古人，转祸为福，在此时矣。(《冯岑贾列传第七》)

李贤注：古人即谓微子、项伯等。

按："古人"原本泛指古代人，这里特指的是微子、项伯等人。

(4) 至六年，始令归德侯刘飒使匈奴，匈奴亦遣使来献，汉复令中郎将韩统报命，赂遗金币，以通旧好。(《南匈奴列传第七十九》)

李贤注：旧好谓宣帝、元帝之代与国和亲。

按："旧好"本指"旧交"，在这里具体指的是"宣帝、元帝之代与国和亲"一事。

(二) 串讲句义

除了释词的功能之外，"谓"也可用来串讲句义。例如：

(1) 国图久策，分此凶狄。(《耿弇列传第九》)

李贤注：谓耿国议立日逐王为南单于，由是鲜卑保塞自守，北虏远遁也。

(2) 更始大悦，谓憙曰："卿名家驹，努力勉之。"(《伏侯宋蔡冯赵牟韦列传第十六》)

李贤注：武帝谓刘德为千里之驹，故以憙比之。

(3) 今四舅深执忠孝，引身自退，而以方垂未静，拒而不许；如后有毫毛加于今日，诚恐推让之名不可再得。(《列女传第七十四》)

· 81 ·

李贤注：谓有纤微之过，则推让之美失也。

（三）与"为"或"曰"连用

"谓"可以与"为"连用，意为"把某称作某"，在这种情况下，"谓"的作用变弱，"为"成为解释词义的主要术语。例如：

（1）光武奔之，斩首数十级。（《光武帝纪第一上》）

李贤注：秦法：斩首一，赐爵一级，故因谓斩首为级。

（2）（刘）扬称病不谒，以纯真定宗室之出，遣使与纯书，欲相见。（《任李万邳刘耿列传第十一》）

李贤注：男子谓姊妹之子为出也。

（3）兴平元年，征西将军马腾与范谋诛李傕，焉遣叟兵五千助之，战败，范及诞并见杀。（《刘焉袁术吕布列传第六十五》）

李贤注：汉世谓蜀为叟。

有时候，"谓"也可以与"曰"连用，意思同样为"把某称作某"，但是李贤注中这样的用例极少。例如：

《诗》美好逑，《易》称归妹。（《皇后纪第十下》）

李贤注：妇人谓嫁曰归①，妹为少女之称。

---

① 此处中华国学文库本《后汉书》写作"妇"，本书据前后文及他本改为"归"。

四 言

"言"作为训诂术语,可以译为"说",其使用范围较为广泛,可以解释词的一般意义、引申义、语境义等,而用来解释词义的时候,被释词要放在"言"的前面。例如:

(1) 建武之初,雄豪方扰,虓呼者连响,婴城者相望,斯固倥偬不暇给之日。(《卓鲁魏刘列传第十五》)

李贤注:婴城,言以城自婴绕。

(2) 皇帝以圣德灵威,龙兴凤举,率宛、叶之众,将散乱之兵,唷血昆阳,长驱武关,破百万之陈,摧九虎之军,雷震四海,席卷天下,攘除祸乱,诛灭无道,一期之间,海内大定。(《桓谭冯衍列传第十八上》)

李贤注:席卷言无馀也。

(3) 故常敕妻子,若卒遇飞祸,无得殡敛,冀以区区腐身觉悟朝廷。(《袁张韩周列传第三十五》)

李贤注:飞祸言仓卒而死也。

有时"言"也可以用来串讲句义。例如:

(1) 吾少壮时,但慕竹帛,志不顾命。(《皇后纪第十上》)

李贤注:言少慕古人,书名竹帛,不顾命之长短。

(2) 荧惑以去年春分后十六日在娄五度,推步《三统》,荧惑今当在翼九度,今反在柳三度,则不及五十馀度。(《郎颛襄楷列传第二十下》)

李贤注：言荧惑行迟也。

(3) 好丑必上，不在远近。(《袁张韩周列传第三十五》)

李贤注：言事之善恶，必以闻上，此即报效，岂拘外内也。

五　犹

"犹"用作训诂术语，可以译作"相当于"。李贤注中术语"犹"的使用情况大致可以分为四类。

（一）解释同义词

"犹"最为常见的用法是用意义相同、相近的词来释义，被释词放在"犹"前面。例如：

(1) 臣所欲言，陛下已知，故略其梗概，不敢具陈。(《文苑列传第七十上》)

李贤注：梗概犹粗略也。

按："梗概"与"粗略"意义相近，都表示"大体、粗略"的意思。

(2) 见者呼之曰："蓟先生小住。"并行应之，视若迟徐，而走马不及，于是而绝。(《方术列传第七十二下》)

李贤注：并犹且也，音蒲朗反。

按："并"与"且"词义相近，有"同时"之义。

(3) 肥养一犬，以彩绳缨牵，并取死者所乘马衣物，

皆烧而送之,言以属累犬,使护死者神灵归赤山。(《乌桓鲜卑列传第八十》)

李贤注:属累犹付托也。

按:"属累"和"付托"都表示"将某人或者某件事委托给别人"。

(二) 义隔而通之

某些时候,"犹"并不是用来解释同义词,被释词与用来释义的词只是在一定语言环境中辗转可通,段玉裁将这种现象称为"义隔而通之"。段玉裁《说文解字注》曰:"凡汉人作注云犹者,皆义隔而通之,如《公》《谷》皆云孙犹孙也,谓此子孙字同孙遁之孙。《郑风》传漂犹吹也,谓漂本训浮,因吹而浮,故同首章之吹。凡郑君、高诱等,每言犹者,皆同此。"① 李贤注当中常用"犹"来说明"义隔而通之"的情况。例如:

(1) 其馀大者万馀人,小者数千人,更相钞盗,盛衰无常,无虑顺帝时胜兵合可二十万人。(《西羌传第七十七》)

李贤注:无虑犹都凡也。

按:"无虑"有多个义项,可以表示"没有长远打算""无所忧虑""大概总共"等,而"都凡"只有"大概总共"之义,二者在"大概总共"这个义项上可通。

---

① (清)段玉裁:《说文解字注》,中华书局2013年版,第90页下栏。

(2) 虽有降首，曾莫惩革，自此浸以疏慢矣。(《西域传第七十八》)

李贤注：首犹服也，音式救反。

按："首"与"服"并不是同义词，"首"的本义为"头"，引申为"伏罪"之义；而"服"的本义为"用"，引申为"降服"之义。"首"与"服"在"认罪降服"这个义项上可通。

(三) 以今语释古语

"犹"也可以用来表示以今语释古语。例如：

(1) (孔)奋晚有子嘉，官至城门校尉，作《左氏说》云。(《郭杜孔张廉王苏羊贾陆列传第二十一》)

李贤注：说，犹今之疏也。

(2) 后黄祖在蒙冲船上，大会宾客，而衡言不逊顺，祖慙，乃诃之，衡更熟视曰："死公！云等道?"(《文苑列传第七十下》)

李贤注：等道，犹今言何勿语也。

(四) 调整语序

"犹"也可以用来说明语序上的颠倒。例如：

(1) 刺史举所部，郡国太守相举墨绶，隐亲悉心，勿取浮华。(《孝安帝纪第五》)

李贤注：隐亲犹亲自隐也。

按:"隐"意为"审查",句中的"隐亲"即"亲隐",即"亲自审查"之义。

(2) 恃己知而华予兮,鹍鸠鸣而不芳。(《张衡列传第四十九》)

李贤注:己知犹知己也。

按:所谓"己知"即"知己"。

六 貌;之貌

李贤注中的"貌"和"之貌"都是用来形容事物性状的,可以译作"……的样子"。例如:

(1) 帝时遣人观大司马何为,还言方修战攻之具,乃叹曰:"吴公差强人意,隐若一敌国矣!"(《吴盖陈臧列传第八》)

李贤注:隐,威重之貌。

(2) 帝笑曰:"矍铄哉是翁也!"(《马援列传第十四》)
李贤注:矍铄,勇貌也。
(3) 众多以山东未定,韩暹、杨奉负功恣睢,未可卒制。(《郑孔荀列传第六十》)
李贤注:恣睢,肆怒貌。

七 之言;之为言

李贤注中的"之言"和"之为言"使用频率并不高,被释词位于"之言""之为言"之前,被释词和用来解释的词在音义方面有一定的联系。例如：

（1）臣愚以为更衣在中门之外，处所殊别，宜尊庙曰显宗，其四时禘祫，于光武之堂，闲祀悉还更衣，共进《武德》之舞，如孝文皇帝祫祭高庙故事。(《肃宗孝章帝纪第三》)

李贤注：禘之为言谛，谛审昭穆尊卑之义。

按："禘"与"谛"读音相近，"禘"为古代帝王诸侯所举行的一种重大祭礼之名，训为"谛"，取其审慎之义。《公羊传·文公二年》"五年而再殷祭"何休注曰："禘，犹谛也，审谛无所遗失。"①

（2）遵大路而裵回兮，履孔德之窈冥；固众夫之所眩兮，孰能观于无形？(《冯衍传第十八下》)

李贤注：孔之为言空也。

按："孔"与"空"是同源字，二字读音相近，且均有"深远幽阔"之义，故有此训。《老子》："孔德之容，惟道是从。"王弼注曰："孔，空也。"②

（3）曾是渊轨，薄夫以淳。(《荀韩钟陈列传第五十二》)

---

① 李学勤主编：《十三经注疏·春秋公羊传注疏》卷13，北京大学出版社1999年版，第280页。
② （汉）河上公注，（汉）严遵指归，（三国）王弼注：《老子》，刘思禾校点，上海古籍出版社2013年版，第44页。

李贤注：曾之言则也。

按："曾"上古音为精母蒸部，"则"上古音为精母职部，二字声母相同，韵母相近。二字用在句首且均可表示"承接"之义，故有此训。

八　辞；词；语辞；声

古人对于虚词的研究由来已久，早在《尔雅》当中就已经出现了对虚词的解释，自《毛传》之后，传注当中对虚词的解释逐渐增多，术语也越来越丰富。李贤等人在注解《后汉书》时也注意到了书中的虚词并进行了解释，使用的术语主要是"辞""词""语辞""声"等。例如：

(一) 辞

(1) 明堂诗：於昭明堂，明堂孔阳；圣皇宗祀，穆穆煌煌。(《班彪列传第三十下》)

李贤注：於音乌，叹美之辞也。

(2) 二志靡成，聿劳我心。如彼兼听，则溷于音。(《文苑列传第七十上》)

李贤注：聿，辞也。

(二) 词

(1) 於赫有命，系隆我汉。(《光武帝纪第一下》)

李贤注：於赫，叹美之词，音乌。

(2) 美矣岑君，於戏休兹！(《冯岑贾列传第七》)

李贤注：於戏，叹美之词。

(三) 语辞

(1) 向使庙堂纳其高谋，疆埸宣其智力，帷幄容其謇辞，举厝禀其成式，则武、宣之轨，岂其远而？(《左周黄列传第五十一》)

李贤注：而，语辞也。

(2) (朱)儁捷陈、颍，亦弭於越。(《皇甫嵩朱儁列传第六十一》)

李贤注：於，语辞，犹云"句吴"之类矣。

(四) 声

(1) 行劲直以离尤兮，羌前人之所有；内自省而不惭兮，遂定志而弗改。(《冯衍传第十八下》)

李贤注：羌，语发声也。

(2) 女子怒曰："公是韩伯休那？乃不二价乎？"(《逸民列传第七十三》)

李贤注：那，语馀声也，音乃贺反。

按：所谓"语发声"，指的是句首语气词；所谓"语馀声"，指的是句末语气词。

第三节　校勘术语

校勘是将书籍中的内容与不同版本或其他相关文献资料进行对照、核对、订正的工作。我国古籍浩如烟海，同一种古籍

第二章 《后汉书》李贤注的训诂术语

在流传过程中经常存在诸多不同版本;而受古代技术条件的限制,古籍在传抄、刊刻的过程中难免会出现讹误,进而出现不同版本所载内容不一致的情况。此外,古人在著书、注书时均十分重视引证,但引文与原书不尽一致的情况十分常见。为了尽可能地剔除、改正书中的文字错误,就需要进行古籍校勘,校勘过程中所使用的术语就是校勘术语。《后汉书》李贤注中的校勘内容和方法我们已经在前面的章节进行了讨论,本章节仅对书中使用的校勘术语进行总结分析。经过前期梳理,李贤注所使用的训诂术语主要有以下几种。

一 当为;当作

在古籍校勘中,"当为""当作"一般用来指出用字方面的失误。这些失误的情况是比较复杂的,有的是古籍著者书写错误,有的是书籍在后世传抄刊刻过程中因字形或字音相近而出现讹误。李贤注当中,使用"当为""当作"来校勘的用例并不是非常多。例如:

(1) 窃观故事,前梁怀王、临江愍王、齐哀王、临淮怀王并薨无后,同产昆弟,即景、武、昭、明四帝是也,未闻前朝修立祭祀。(《郑孔荀列传第六十》)

李贤注:齐哀王,悼惠王之子,高帝之孙,非昭帝兄弟,当为怀王,作"哀"者误也。临淮公衡,明帝弟,建武十五年立,未及进爵为王而薨。《融家传》及本传皆作"公",此为"王"者,亦误也。

按:该例是《后汉书》所载孔融与汉献帝对话中的一部

· 91 ·

分，对话发生的背景是建安五年（公元 200 年），南阳王刘冯、东海王刘祗去世，汉献帝伤其早殁，打算为他们修立四时祭祀，并征求孔融的意见。孔融没有直接表示反对，而是给汉献帝列举了前朝的事例。按文中所载，孔融列举的人物分别是西汉梁怀王刘揖、临江王刘荣、齐哀王刘襄、临淮怀王刘衡，并说他们分别是景、武、昭、明四帝的同产昆弟，且去世后都没有后代子孙，但前朝并没有给他们修立四时祭。然而，李贤等人在注书时发现，齐哀王刘襄是齐悼惠王刘肥之子，并非汉昭帝的兄弟，原文中的"齐哀王"刘襄应该是"齐怀王"刘闳，其为汉昭帝的同父异母兄弟，去世时年少无嗣。而后面的"临淮怀王"也存在错误，刘衡去世时并未封王，"王"字应改为"公"字。

（2）又有风吹削哺，太守以问由。由对曰："方当有荐木实者，其色黄赤。"顷之，五官掾献橘数包。（《方术列传第七十二上》）

李贤注："哺"当作"柿"，音孚废反。《颜氏家训》曰："削则札也。《左传》曰'削而投之'是也。史家假借为'肝肺'字，今俗或作'脯'，或作为'反哺'之'哺'，学士因云'是屏障之名'，非也。《风角书》曰'庶人之风扬尘转削'，若是屏障，何由可转。"

按：古时无纸，人们使用竹简或木牍来记载文字，为便于书写，需要将木牍的外皮削去，这些被削掉的木屑被称为"柹"，"柹"同"柿"，削皮的过程被称为"削柹"或"削柿"。而"柹"亦常与"肺"字通，故亦作"削肺"。流俗本又将

"削肺"写作"削脯"或"削哺",意义则相差甚远。李贤等人注释时指出,"哺"当作"柿",并引《颜氏家训》中的分析,指明"风吹削哺"意为风吹动木屑,与原文中记载的方士杨由根据"风吹削哺"的现象预测将有人送来赤黄色果实之事相合。

除了用作校勘术语之外,李贤注当中的"当为""当作"也经常用来破通假,在后面的破通假术语中我们将再进行分析。

二 或作;或为;又作;本或作等

这一组校勘术语主要用于分析古籍中的异文现象,也就是前面我们所说的古籍的不同版本之间或者引文与原书之间存在的文字方面的差别。唐代非常重视修史,文人皆以研读史书为风尚,《后汉书》在民间流传过程中也存在许多不同的版本。李贤等人在注释《后汉书》时也将宫廷藏本与所能收集到的民间流传版本,以及相关古籍进行了比较分析,有时可以明确指出其中的讹误,有时因缺乏有力证据只能列出异文供读者参考。李贤注中用来分析异文的术语较多,其中使用比较频繁的有"或作""或为""又作""本或作""流俗本作""俗本作"等。例如:

(1) 时有长人巨无霸,长一丈,大十围,以为垒尉;又驱诸猛兽虎豹犀象之属,以助威武。(《光武帝纪第一上》)

李贤注:"猛"或作"犷"。

(2) 青、徐群盗得此惶怖,获索贼右师郎等六校即时皆降。(《伏侯宋蔡冯赵牟韦列传第十六》)

李贤注:"右"或为"古"。

(3)（应）劭字仲远。少笃学，博览多闻。(《杨李翟应霍爰徐列传第三十八》)

李贤注：《谢承书》《应氏谱》并云"字仲远"，《续汉书·文士传》作"仲援"，《汉官仪》又作"仲瑗"，未知孰是。

(4) 辅威将军臧官与公孙述将延岑战于沈水，大破之。(《光武帝纪第一下》)

李贤注：本或作"沉水"及"沅水"者，并非。

(5) 今之议者，必有任嚣效尉佗制七郡之计。(《窦融列传第十三》)

李贤注：效，致也，流俗本作"教"者误也。

(6)（赵炳）又尝临水求度，船人不和之，炳乃张盖坐其中，长啸呼风，乱流而济。(《方术列传第七十二下》)

李贤注：和犹许也。俗本作"知"者误也。

(7) 其外又有巂、昆明诸落，西极同师，东北至叶榆，地方数千里。(《南蛮西南夷列传第七十六》)

李贤注：叶榆，县，属益州郡。"叶"或作"楪"。臣贤案《前书》曰："西自同师以东，北至叶榆，名为巂、昆明。"今流俗诸本并作"布旧昆明"，盖"巂"字误分为"布旧"也。

第四节　破通假术语

破通假也是古书注解中的一项重要内容，根据我们的分析，李贤注当中的破通假术语共有五类，现分别加以说明。

一 读曰

前面我们在讲注音术语的时候已经提到了"读曰",它除了可以作为注音术语之外,还是一个用来破除通假的重要术语,李贤注中也有相关用例。例如:

(1) 于是光武趣驾南辕,晨夜不敢入城邑,舍食道傍。(《光武帝纪第一上》)

李贤注:趣,急也,读曰促。

按:"趣"与"促"通。《汉书·夏侯婴传》"以兵车趣攻战疾"颜师古注曰:"趣读曰促,谓急速也。"[1]《墨子·备穴》"趣伏此井中"孙诒让《墨子间诂》引毕沅曰:"趣同促。"[2]

(2) 正士怀怨结而不见信,猾吏崇奸轨而不被坐,此小民所以易侵苦,而天下所以多困穷也。(《王充王符仲长统列传第三十九》)

李贤注:信读曰伸。

按:"信"与"伸"通。《礼记·儒行》"起居竟信其志"郑玄注曰:"信,读如'屈伸'之'伸',假借字也。"[3]《汉

---

[1] (汉)班固撰,(唐)颜师古注:《汉书》卷41,中华书局1962年版,第2077页。

[2] (清)孙诒让:《墨子间诂》卷14,孙启治点校,中华书局2017年版,第556页。

[3] 李学勤主编:《十三经注疏·礼记正义》卷59,北京大学出版社1999年版,第1584页。

书·刘向传》:"今堪年衰岁暮,恐不得自信,排于异人,将安究之哉?"颜师古注曰:"信,读曰伸。"①

(3) 及元帝即位,多行宽政,卒以堕损,威权始夺,遂为汉室基祸之主。(《崔骃列传第四十二》)

李贤注:堕读曰隳。

按:"堕"与"隳"通。《广韵》中"堕"有三个读音。其一收录在《广韵·支韵》中,音"许规切"②,意为毁坏;其二、其三收录在《广韵·果韵》中,音"徒果切,又他果切"③,意为坠落。而《广韵》载"隳"只有一个读音"许规切"④,意为毁坏。故而上例中的"堕"与"隳"属同音通假。

二 当为;当作

"当为""当作"除了用作校勘术语之外,也可以用作破除通假术语,李贤注中也有相关用例。例如:

(一) 当为

(1) 黄宪言论风旨,无所传闻,然士君子见之者,靡不服深远,去玼吝。(《周黄徐姜申屠列传第四十三》)

---

① (汉) 班固撰,(唐) 颜师古注:《汉书》卷36,中华书局1962年版,第1948—1949页。
② (宋) 陈彭年等编:《宋本广韵·永禄本韵镜》,江苏教育出版社2005年版,第10页上栏。
③ (宋) 陈彭年等编:《宋本广韵·永禄本韵镜》,江苏教育出版社2005年版,第88页上栏。
④ (宋) 陈彭年等编:《宋本广韵·永禄本韵镜》,江苏教育出版社2005年版,第10页上栏。

李贤注：玼音此。《说文》曰："鲜色也。"据此文当为"疵"，作"玼"者，古字通也。

按："玼"与"疵"通。《左传·僖公七年》"不女疵瑕也"洪亮吉诂曰："《吕览》注'疵'作'玼'。"①

（2）既诛武等，诏令太官给塞具，赐璃钱五千万，馀各有差，后更封华容侯。(《宦者列传第六十八》)

李贤注：塞，报祠也，音苏代反。字当为"赛"，通也。

按："塞"与"赛"通。《史记·封禅书》"冬塞祷祠"司马贞索引曰："先代反，与'赛'同。赛，今报神福也。"②

（二）当作

（1）于《诗三基》，高祖起亥仲二年，今在戌仲十年。(《郎颛襄楷列传第二十下》)

李贤注："基"当作"期"，谓以三期之法推之也。

按："基"与"期"通。《仪礼·士丧礼》"度兹幽宅兆基"郑玄注曰："古文无兆，基作期。"③ 段玉裁《说文解字注》"基"字条下曰："《礼经》古文借基为期年字。"④

---

① （清）洪亮吉：《春秋左传诂》卷7，李解民点校，中华书局1987年版，第282页。
② （汉）司马迁：《史记》卷28，中华书局1959年版，第1371—1372页。
③ 李学勤主编：《十三经注疏·仪礼注疏》卷37，北京大学出版社1999年版，第714页。
④ （清）段玉裁：《说文解字注》，中华书局2013年版，第691页上栏。

(2) 以诪诗之，知其无能为也。(《虞傅盖臧列传第四十八》)

李贤注：诗当作"筹"也。

按："诪"古为端母幽部，"筹"古为定母幽部，"诪"与"筹"为音近通假，此处意为忖度。

(3) 暴辛惑妇，拒谏自孤。蝠蛇其心，纵毒不辜。(《文苑列传第七十上》)

李贤注：《字书》蝠音福，即蝙蝠也。此当作"蝮"，音芳福反。

按：据《广韵·屋韵》载，"蝠"音"方六切"[1]，"蝮"音"芳福切"[2]，二者属音近通假。

三　同

"同"是一个常见的破通假术语。李贤注当中也有不少用例。例如：

(1) 被蝗以来，七年于兹，而州郡隐匿，裁言顷亩。(《孝安帝纪第五》)

李贤注："裁"与"才"同，古字通。

---

[1] （宋）陈彭年等编：《宋本广韵·永禄本韵镜》，江苏教育出版社2005年版，第132页下栏。
[2] （宋）陈彭年等编：《宋本广韵·永禄本韵镜》，江苏教育出版社2005年版，第134页上栏。

按:"裁"与"才"同音,古书中常通假。《汉书·王贡两龚鲍传序》:"裁日阅数人,得百钱足自养,则闭肆下帘而授《老子》。"颜师古注曰:"裁与才同。"①

(2) 顺帝感翟酺之言,乃更俢黉宇,凡所造构二百四十房,千八百五十室。(《儒林列传第六十九上》)

李贤注:《说文》曰:"黉,学也。"黉与横同。

按:"黉"为匣母庚韵,"横"为见母唐韵,声母发音位置相同,韵母相近。《集韵·庚韵》"黉"字条下曰:"学舍,通作横。"②

(3) 自后经纶失方,畔服不一,其为疢毒,胡可单言!(《南匈奴列传第七十九》)

李贤注:单,尽也。单与殚同也。

按:"单"与"殚"同音,均为端母寒韵。古书注解中常见"单"与"殚"可通假的用例,段玉裁《说文解字注》"殚"字条下曰:"古多假单字为之。"③ 桓宽《盐铁论·通有》"日给月单"张之象注曰:"通作殚,尽也,竭也。"④《墨子·天志中》"竭力单务以利之"孙诒让《墨子间诂》引

---

① (汉)班固撰,(唐)颜师古注:《汉书》卷72,中华书局1962年版,第3056—3057页。
② (宋)丁度等编:《集韵》(附索引),上海古籍出版社1985年版,第229页。
③ (清)段玉裁:《说文解字注》,中华书局2013年版,第165页下栏。
④ (汉)桓宽撰,(明)张之象注:《盐铁论》卷1,上海古籍出版社1990年版,第13页下栏。

苏时学云："单，同殚。"①

四 犹

"犹"也可以表示用本字来解释假借字。例如：

(1) 季孟尝折愧子阳而不受其爵，今更共陆陆，欲往附之，将难为颜乎？(《马援列传第十四》)

李贤注：陆陆犹碌碌也。

按："陆"与"碌"读音相同，"陆陆"本为象声词，这里假借为"碌碌"，表示"无所作为"。

(2) 大率皆魁头露紒，布袍草履。(《东夷列传第七十五》)

李贤注：魁头犹科头也，谓以发萦绕成科结也。

按："魁"古音溪母微部，"科"古音溪母歌部，二字属音近通假。

(3) 初，饥五同种大豪卢忽、忍良等千馀户别留允街，而首施两端。(《西羌传第七十七》)

李贤注：首施犹首鼠也。

按："施"与"鼠"乃一声之转，"首鼠"是由"踌躇"

---

① （清）孙诒让：《墨子间诂》卷7，孙启治点校，中华书局2017年版，第201页。

以叠韵转变而来的，首鼠之"鼠"字又转为"施"，首鼠两端或首施两端，即踌躇两端。

五 通

"通"也是一个常见的破通假术语，在李贤注当中使用也较为频繁。例如：

（1）（任）峻擢用文武吏，皆尽其能，纠剔奸盗，不得旋踵，一岁断狱，不过数十。（《循吏列传第六十六》）

李贤注："剔"与"揓"通。

（2）（梁）冀自诛太尉李固、杜乔等，骄横益甚，皇后乘埶忌恣，多所鸩毒，上下拑口，莫有言者。（《宦者列传第六十八》）

李贤注：拑与钳古字通，音其炎反。

从我们对李贤注训诂术语的分析可以看出，《后汉书》李贤注中的术语运用主要集中在释词、解句方面，不同术语之间的分工相对明确，运用也基本规范，有的术语已经达到了全书统一的效果，例如全部李贤注中只有"读曰"而没有"读为""读若""读如"。但是，限于当时的语言发展状况，术语混用现象在李贤注当中也不鲜见，有的术语有时用来解释通假字，有时又用来解释古今字，如"某与某同"；有的术语既用来释词，又用来释句，如"言"；有的术语既用来破通假，又用来注音，如"读曰"。由此我们可以看出，唐代的训诂术语体系虽然较前代而言有了比较大的发展，但还不是十分完备。

第三章 《后汉书》李贤注的训诂方法

　　训诂方法是注解家们注解古籍时所采用的方法和手段。训诂方法是在训诂实践中不断丰富发展和完善起来的，自训诂学成为一门独立学科开始，我国的专家学者们就对训诂方法展开了相关研究。早在 20 世纪初期，黄侃先生就总结提出三种训诂方法，即互训、义界、推因。到了 20 世纪 40 年代，杨树达先生又提出五种训诂方法，即探源为训、举形为训、剖实为训、同义为训、说类为训。黄、杨两位先生的研究奠定了训诂方法研究的基本框架，此后学者们的相关研究基本都遵循着这一框架来进行。对此，吴庆峰在《训诂学新篇》一书中进行了详细梳理，本书不再赘述。

　　近年来，专家学者们针对训诂的方法论问题展开了进一步的研究探索，并取得了丰富的研究成果。如杨琳提出，"根据推求时所利用的已知线索的状态，我们把训诂方法分为静态训诂方法和动态训诂方法两类。静态指词语的存储状态，动态指词语的使用状态。利用词语的静态线索考求词义的方法就是静态训诂方法,利用词语的动态线索考求词义的方法就是动态训诂方法"①。吴庆峰提出:"训诂是一个自然而完整的体系。从其实施来看,训诂是一个过程,可以分为求义和释义两个阶段;从其训释结果来看,一个故训包含着求义和释义两个部分。因此,训诂方法应当分为求义方法和释义方法。"② 吴教授的观点极富创见性,同时也为我们分析研究古人的训诂方法提供了一个科学而又清晰的视角。借助吴教授的观点与研究框架,我们可以尝试从求义和释义两个角度来分析探讨《后汉书》李贤注中的训诂方法。

第一节 求义的方法

一条故训的得出,首先要经过训诂学家的思考与判断,然后再以恰当的方式表达出来。训诂学家们通过分析字形、读音、上下文等,对词义进行推求,这一过程就是"求义"。古代训诂学家所使用的求义方法非常多,同时又因古籍内容的不同以及注解家个人使用习惯的差异而各具特色。对求义方法进行研究,不仅对我们阅读和使用古籍有着较大帮助,对于开展训诂学相关研究也有着重要意义。李贤等人在注解《后汉书》时采用了多种求义方法,大致可以归纳为以下几种。

一 以形求义

众所周知,汉字是一种意音文字,汉字的形体构造中往往

---

① 杨琳:《训诂方法新探》,商务印书馆2011年版,第10页。
② 吴庆峰:《训诂学新篇》,中华书局2020年版,第158—159页。

隐含着字义的线索。"以形求义"便是一种通过对汉字的形体构造进行分析进而得出词义的训诂方法，亦称"形训"。李贤注中也有相关用例。例如：

(1) 谶记曰："刘秀发兵捕不道，卯金修德为天子。"(《光武帝纪第一上》)

李贤注：卯金，刘字也。《春秋演孔图》曰："卯金刀，名为劉，赤帝后，次代周。"

按："刘"字的繁体为"劉"，从金从刀，卯声，本义为杀戮。李贤等人借助字形分析，指出文中的"卯金"是"劉"字的组成部分，用来代指"劉"字，意思是有一位刘姓之人将要成为天子。

(2) (袁绍) 逼迫韩馥，窃夺其州，矫刻金玉，以为印玺，每有所下，辄皂囊施检，文称诏书。(《刘虞公孙瓒陶谦列传第六十三》)

李贤注：《汉官仪》曰："凡章表皆启封，其言密事得皂囊。"《说文》曰："检，书署也。"今俗谓之排，其字从"木"。

按：汉代的重要文书在送出之前通常要经过严格的包装，以达到保密的目的，例文中提及的"皂囊施检"便是一种密封文书的方法。"皂囊"是一种用黑色织物制作的口袋，用来包裹文书，"检"则是一种带有凹槽的特制木板，上面可以书写寄出人、送达时间、收件人等信息。文书装入皂囊后，将木检附于皂囊之上，并用细绳沿着凹槽捆扎，然后在凹槽中填充封泥，封泥上加盖寄递者的印章。"检"的常用义为"约束""法度"等，李贤等人通过分析"检"字的字形，指出其字从"木"，其本义与木头有关。

(3)（爰剑）既出，又与劓女遇于野，遂成夫妇。(《西羌传第七十七》)

李贤注：劓，截鼻也。

按："劓"是一个会意字，甲骨文中即有该字，从自（鼻的古字）从刀，意为以刀割鼻，是古代一种割掉鼻子的酷刑。李贤等人将"劓"训为"截鼻"，是从字形出发所得出的直观结论。

二 因声求义

"因声求义"也叫作"声训"，是一种根据词与词之间的声音关系来推求词义的方法。"声训"在先秦时期就已经出现，如《孟子·滕文公上》："庠者，养也。校者，教也。序者，射也。"[①] 到了汉代，声训之风大兴，内容涉及天文、地理、政治、典章制度等各方面，刘熙的《释名》就是声训的集大成之作。训诂学家通常借助声训来推求词语的语源义，但有时所得出的结论仅是注解家的主观判断，缺乏科学依据。受古代特殊社会环境的影响，声训也经常被用来阐明一些政治理念、哲学观点，穿凿附会的情况并不鲜见，故而对于使用这一

---

① 万丽华、蓝旭译注：《孟子》卷5，中华书局2006年版，第105页。

训诂方法的用例需要详加推敲。李贤注中也有不少因声求义的用例。例如：

（1）咸曰："王莽篡位，秀发愤兴兵，破王寻、王邑于昆阳，诛王郎、铜马于河北，平定天下，海内蒙恩。上当天地之心，下为元元所归。"（《光武帝纪第一上》）

李贤注：元元谓黎庶也。元元由言喁喁，可矜怜之辞也。

按：《说文》曰："喁，鱼口上见。"① "喁喁"即众口向上之貌。"元""喁"古音同在疑纽，李贤等人认为，"元元"意为庶民，并从读音出发进一步分析了"元元"的语源义，指出"元元"犹"喁喁"，意为百姓仰望期待、惹人怜悯的样子。

（2）冬十月，蒸祭光武庙，初奏《文始》《五行》《武德》之舞。（《显宗孝明帝纪第二》）

李贤注：《礼记》曰："冬祭曰蒸。"蒸，众也。冬物毕成，可祭者众。

按："蒸"，意为热气升腾之貌。李贤注引《礼记》指出，"蒸"特指冬季的祭祀，同时又指出"蒸，众也"。"蒸"同"烝"，"烝""众"古音同为端纽，李贤等人从读音出发，进一步分析了"蒸"的语源义，认为冬祭之所以称为"蒸"，源

---

① （汉）许慎：《说文解字校订本》卷2，班吉庆等点校，凤凰出版社2004年版，第40页。

于冬季可用于祭祀的物品种类众多。

三 据境求义

据境求义是根据词语所在的语言环境来确定词义的方法。古代汉语中的一词多义现象十分常见，在传疏训诂中，要想确定古籍中某个词的准确词义，最常用、最便捷的办法就是依据上下文，"在一定的上下文里，一个词的意义是具体的，并且是唯一的"①，这样得出的词义往往是最为准确和恰当的。李贤等人在注解《后汉书》时也经常采用这种训诂方法。例如：

（1）下令之后，槃瓠遂衔人头造阙下，群臣怪而诊之，乃吴将军首也。（《南蛮西南夷列传第七十六》）

李贤注：诊，候视也。

按：《说文》曰："诊，视也。"②"视"是"诊"的常用义，通过对例句进行分析，我们可以看出，例句中的"诊"所表达的也是"视"的意思，句中的"诊"字前面却还有一个"怪"字，既然是群臣心中感到奇怪而"诊之"，那么在"视"的过程中自然就会带有仔细辨别的意味，因此李贤等人在注释时将"诊"训为"候视"是十分恰当的。

（2）百蛮蠢居，仞彼方徼。（《南蛮西南夷列传第七

---

① 吴庆峰：《训诂学新篇》，中华书局2020年版，第239页。
② （汉）许慎：《说文解字校订本》卷3，班吉庆等点校，凤凰出版社2004年版，第72页。

十六》)

李贤注：蠢，小貌也。

按：《说文》曰："蠢，虫动也。"[1] 后引申为笨拙无知之貌。古时中原地区的人习惯将居住在南方边远地区的少数民族称为南蛮。"蛮"的本义为虫，以虫称人，是一种带有鄙夷色彩的称谓，例文中的"蠢居"也属于这种情况。但是，例文中的"蠢"不是"虫动"之义，也不是"无知"之义，"蠢"用在"居"之前，是对百蛮如小虫般零散分布状态的一种描述，故李贤等人训"蠢"为"小貌"更贴合文义。

(3) 况今与匈奴君臣分定，辞顺约明，贡献累至，岂宜违信，自受其曲。其敕度辽及领中郎将庞奋倍雇南部所得生口，以还北虏。其南部斩首获生，计功受赏如常科。(《南匈奴列传第七十九》)

李贤注：雇，赏报也。

按："雇"的常用义为"出钱请他人为自己做事"，但例文中的"雇"不能简单地理解为"雇佣"。东汉时，匈奴分裂为北匈奴和南匈奴，南匈奴依附于东汉。联系例句的上下文可知，东汉朝廷为了解决来自北匈奴的威胁，支持南匈奴攻打北匈奴，但是，又怕南匈奴过度壮大。于是一方面"倍雇"南部所俘获的北匈奴俘虏，将其送回故乡，暂时安抚北匈奴；另

---

[1] （汉）许慎：《说文解字校订本》卷13，班吉庆等点校，凤凰出版社2004年版，第397页。

一方面又对南匈奴斩杀俘获北匈奴的行为进行论功行赏。东汉朝廷与北匈奴俘虏之间并非雇佣关系，故而不能将"雇"解释为"雇佣"，此处的"雇"应当解释为"赎买"或"报偿"，即从南匈奴手中高价赎买北匈奴俘虏。李贤注训"雇"为"赏报"，即酬报之义，与文义相合。

四　参考异文

一部古籍在流传过程中可能会存在不同版本，这些版本之间常常存在文字上的差异，而不同古籍在相互征引的过程中，有时也会出现文字上的不同，这些现象我们统称为"异文"。"异文"现象不仅在古籍校勘当中发挥着重要作用，同时也是训诂学家推求词义的重要参考。"异文之中，排除那些印错、抄错的字词句，还有许多有价值的东西，其中有异体字、古今字、通假字，有同义词、近义词等。这些都是考求词义的重要依据。"[①] 李贤注中也有相关用例。例如：

(1) 今天下新定，矢石之勤始瘳，而主上方以边垂为忧，忿葭萌之不柔，未遑于论都而遗思廱州也。(《文苑列传第七十上》)

李贤注：杨子云《长杨赋》曰："遐萌为之不安。"谓远人也。案：笃此赋每取子云《甘泉》《长杨赋》事，意此"葭"即"遐"也。

按：该例出自《后汉书》所载东汉学者杜笃的《论都

[①] 吴庆峰：《训诂学新篇》，中华书局2020年版，第260页。

赋》。"岔葭萌之不柔"中的"葭"字本义为芦苇,用在此处不易理解。而李贤等人在注书时发现,杜笃《论都赋》多化用西汉文学家扬雄的《甘泉赋》和《长杨赋》中的语句,并列举了《长杨赋》"遐萌为之不安"一语,据此推断"葭萌"即"遐萌","葭"与"遐"通,意为"远","葭萌"即居住在偏远地区的人。

(2) 时有谣歌曰:"败我陂者翟子威,饴我大豆,亨我芋魁。反乎覆,陂当复。"(《方术列传第七十二上》)

李贤注:《前书》"饴"作"饭","亨"作"羹"。

按:该例为《后汉书》所载王莽时期汝南地区流传的一首童谣,内容为汝南百姓控诉西汉成帝时的宰相翟方进,为节省防洪成本,拆毁了汝南郡的水利设施鸿隙陂,导致当地从此没有了灌溉水源,原本可以种植水稻的良田,因缺水只能种植豆类和芋头,百姓常年以此为主食,在歌谣末尾,百姓表达了重建鸿隙陂的强烈愿望。李贤等人通过查阅古籍,发现这首童谣在《汉书》当中也有收录(李贤注称《汉书》为《前书》),但文字方面略有不同,《后汉书》所载"饴我大豆,亨我芋魁"一句,在《汉书》中写作"饭我大豆,羹芋魁"。李贤注引《汉书》,指明了该童谣与《后汉书》所载版本存在文字差异,同时也解释了"饴"和"亨"的含义。

五 目验

训诂学家推求词义不仅需要借助辞书旧注等书面材料,有时还需要依靠实际观察。"目验"就是一种借助实际观察经验来推求词义的方法，常用于考释名物。我国历代训诂学家都非常重视目验，如西晋训诂学家郭璞为《尔雅》作注时就曾多次使用该法。到了清代，训诂学家们对于目验的作用有了更为深刻的认识。段玉裁《说文解字注》曰："凡物必得诸目验而折衷古籍，乃为可信。"① 其在《说文解字注》中也数次利用目验之法纠正前人注解的疏失。李贤等人注解《后汉书》时也经常使用目验的方法来解释书中的名物。例如：

(1) 诏昱诣尚书，使封胡降檄。(《申屠刚鲍永郅恽列传第十九》)

李贤注：檄，军书也，若今之露布也。

(2) 夫冬至之节，阳气始萌，故十一月有兰、射干、芸、荔之应。(《郭陈列传第三十六》)

李贤注：射音夜，即今之乌扇也。

(3) 邓太后以殇帝襁抱，远虑不虞，留庆长子祜与嫡母耿姬居清河邸。(《章帝八王传第四十五》)

李贤注：襁以缯帛为之，即今之小儿绷也。

(4) (曹)操乃发石车击绍楼，皆破，军中呼曰"霹雳车"。(《袁绍刘表列传第六十四上》)

李贤注：以其发石声震烈，呼为霹雳，即今之抛车也。

按：李贤等人在为《后汉书》作注时，为了让读者对书中的古代名物有更为形象的认识，经常会用自己曾经见过、用

---

① （清）段玉裁：《说文解字注》，中华书局2013年版，第241页下栏。

过的事物来对其进行解释，上述例子都是采用了目验的方法。例句所提及的"露布""乌扇""小儿缯""抛车"都是李贤等人所处时代的常见事物，借助它们来推求古代名物的词义，要比用文字描述其性状特征更为简洁直观，效果也更好。

第二节 释义的方法

训诂学家经过仔细推求后得出词义，只是完成了训诂的第一个步骤，在这之后还要用恰当的方式将词义表达出来，这个过程就是"释义"。释义的方法是多种多样的，训诂学家会依据实际需要来进行选择。根据我们的统计，《后汉书》李贤注中共使用了11种释义方法，现分别举例说明。

一 同义相训

所谓同义相训，就是用同义词、近义词来解释词义的方法，也叫作"义训""直训"，这是李贤注当中经常使用的一种释词方法。例如：

(1) 小子不勖大道，控于法理，以堕宗绪。(《宗室四王三侯列传第四》)

李贤注：控，引也。堕，毁也。

(2) 市人皆大笑，举手邪揄之，霸惭慊而还。(《铫期王霸祭遵列传第十》)

李贤注：慊亦惭也，音遽。

第三章 《后汉书》李贤注的训诂方法

同义相训也包括"以通语释方言""以方言释通语""以方言释方言"等情况。扬雄在《方言》中说："初别国不相往来之言也，今或同。而旧书雅记故俗语不失其方。而后人不知，故为之作释也。"[1] 可见，通语与方言的差异是现实存在并相互影响的，注解家们应格外注意。李贤注当中有不少用方言词语来解释通语的用例。例如：

（1）尾苍蜼，掎玄猨，木产尽，寓属单。（《马融列传第五十上》）

李贤注：蜼音以蕊反。《尔雅》曰："蜼，卬鼻而长尾。"郭璞注曰："似猕猴而大，黄黑色，尾长数尺，末有两歧，雨则自悬于树，以尾塞鼻。"零陵、南康人呼之音"馀"，建平人呼之音"相赠遗"之"遗"也，又音余救反，皆土俗轻重不同耳。

（2）比目应节而双跃兮，孤雌感声而鸣雄。（《文苑列传第七十下》）

李贤注：比目鱼一名鲽，一名王馀，不比不行，今江东呼为板鱼。

（3）土气多寒，在盛夏冰犹不释，故夷人冬则避寒，入蜀为佣，夏则违暑，反其聚邑，皆依山居止，累石为室，高者至十馀丈，为邛笼。（《南蛮西南夷列传第七十六》）

李贤注：（邛笼）按今彼土夷人呼为"雕"也。

---

[1] （汉）扬雄撰，（晋）郭璞注：《方言》（附音序、笔画索引），中华书局2016年版，第7页。

二 设立界说

所谓设立界说,就是用下定义的办法来解释词义,这也是传疏训诂当中常用的训诂方法。通常的做法是在词义所属的大类中添加一些起修饰限定作用的词语,将其与其他相近似的事物区别开来的同时,也解释了词义。李贤注当中有不少用例。例如:

(1) 遂围之数十重,列营百数,云车十馀丈,瞰临城中,旗帜蔽野,埃尘连天,钲鼓之声闻数百里。(《光武帝纪第一上》)

李贤注:俯视曰瞰,音苦暂反。

按:"视"即"看",但"看"的方式有很多种,"瞰"特指从高处向下看,也就是李贤注所说的"俯视"。

(2) 其二王之后,先圣之胤,东后蕃卫,伯父伯兄,仲叔季弟,幼子童孙,百僚从臣,宗室众子,要荒四裔,沙漠之北,葱领之西,冒耏之类,跋涉悬度,陵践阻绝,骏奔郊畤,咸来助祭。(《肃宗孝章帝纪第三》)

李贤注:草行曰跋,水行曰涉。

按:"行"意为"行走"。李贤注指出,"跋"是在山林中行走,"涉"是在浅水中行走,如今人们依然常用"跋涉"来形容行程的艰苦。

(3)世祖曰："我欲特赐李忠，诸卿得无望乎？"即以所乘大骊马及绣被衣物赐之。(《任李万邳刘耿列传第十一》)

李贤注：马色黑而青曰骊。

按：马是古代一种非常重要的交通工具，在军事活动中也发挥着重要作用，故而古人对于马非常喜爱，对于马的分类也非常细致。古人依据马的毛色、高矮、年龄等方面的差异来对马进行命名。据统计，古代用来记录马的名称的汉字有40多个。根据李贤注的解释，"骊"特指一种毛色为深黑色的纯色马。

三 描写对象

所谓描写对象，就是对被释词所代表事物的形貌、性状特征进行描写，给人以形象直观的印象。李贤注中经常使用这种训诂方法来解释古代名物。例如：

(1)及更始至洛阳，乃遣光武以破虏将军行大司马事。十月，持节北度河，镇慰州郡。(《光武帝纪第一上》)

李贤注：节，所以为信也，以竹为之，柄长八尺，以旄牛尾为其眊三重。

按："节"也叫作"旄节""符节"，是古代使臣奉命出行时所持的一种凭证，李贤注对"节"的具体构造进行了描述。

(2)（岑）彭数攻之，不利，于是装直进楼船、冒突露桡数千艘。(《冯岑贾列传第七》)

李贤注：楼船，船上施楼。

按："楼船"是古代的一种战船，船体十分高大，甲板上建有数层楼，载兵数量大，能攻善守。李贤注将"楼船"解释为"船上施楼"，简明易懂。

(3) 又作翻车渴乌，施于桥西，用洒南北郊路，以省百姓洒道之费。(《宦者列传第六十八》)

李贤注：翻车，设机车以引水。渴乌，为曲筒，以气引水上也。

按："翻车""渴乌"都是古代的引水工具。"翻车"借助齿轮等机械的驱动来取水，"渴乌"则是用竹子等材料套成弯管，利用气压差来取水。李贤注所说的"以气引水上"，指的应该就是我们今天所说的"虹吸效应"。

四 因声释义

注解家采用声训主要是为了推求语源，从语音角度探求词语产生的根本所在，要求用来解释的词与被释词的读音相同或者相近。这一方法在李贤注当中的运用也很普遍。例如：

(1) 二年正月，光武以王郎新盛，乃北徇蓟。(《光武帝纪第一上》)

李贤注：(蓟) 县名，属涿郡，今幽州县也。本字从

"契"从"邑",见《说文》。

按:据《说文解字》"郪"字条记载:"周封皇帝之后于郪也。从邑,契声。读若蓟。上谷有郪县。"①"蓟"与"郪"音同,李贤等人据此推断,"郪"为本字,"蓟"为通假字,并且指出"郪"字的形旁和声旁。

(2) 更始取伯升宝剑视之,绣衣御史申屠建随献玉玦,更始竟不能发。(《宗室四王三侯列传第四》)

李贤注:玦,决也。令早决断。

按:"玦"最初是指射箭时使用的带有缺口的玉质护指,使用弓箭射中目标需要"决",即当机立断,故而"玦"有"决断"之义。到了汉朝,"玦"已经演化为男子挂在腰间的环形有缺口的玉质配饰,但依然有"决断"之义。汉代古籍中常有以"玦"表示"决断"的用例。《史记·项羽本纪》:"范增数目项王,举所佩玉玦以示之者三,项王默然不应。"②李贤等人的注解正是从读音出发,揭示了"玦"与"决"之间存在的语源关系。

五 比拟事物

所谓比拟事物,是一种将被释词比拟成其他事物来解释词义的方法,也就是我们经常所说的打比方。语言是处于不断发

---

① (汉)许慎:《说文解字校订本》卷6,班吉庆等点校,凤凰出版社2004年版,第179页。

② (汉)司马迁:《史记》卷7,中华书局1959年版,第312页。

展变化之中的，经常会出现同一种事物古今名称不一致的情况，古籍中也存在这一问题，给人们阅读古籍带来了一定困难。很多时候，事物的古今名称虽不同，在性状、构造等方面也可能略有差异，但是，总体看来，并没有发生大的变化，仍然可以看作同一种事物，故而注解家们常采用比拟事物的方法来解释古代词义，也就是用他们所处时代的事物来对古代事物加以解释。李贤注中的"若今之某某""即今之某某"等，大多是这种情况。例如：

(1) 八年，乃作飞书以陷竦。(《皇后纪第十上》)
李贤注：飞书，若今匿名书也。

按：此例中李贤等人采用了比拟事物的方法，将其解释为"若今匿名书也"。"飞书"一语在《后汉书》中曾多次出现，在《梁统列传》中，李贤等人进一步解释了"飞书"得名的原因。

四年冬，乃县飞书诽谤，下狱死，国除。(《梁统列传第二十四》)
李贤注：飞书者，无根而至，若飞来也，即今匿名书也。

因其"无根而至"，如飞来一般，故曰"飞书"。同时，李贤等人也再次强调了"飞书"与"匿名书"之间的关系，"即今匿名书也"。

(2) 诏昱诣尚书，使封胡降檄。(《申屠刚鲍永郅恽列传第十九》)

李贤注：檄，军书也，若今之露布也。

按：两汉时期，"檄"主要指军用公文，多用于战争动员、声讨威慑敌方等。"露布"也是一种公文文体，汉代时已经出现，既可以用于皇帝向下发布诏令，也可以用于臣下向皇帝奏事，《后汉书》中也有相关记载。后来，露布逐渐用于军事领域。到了唐代，露布常用于公布战争形势、前方捷报等，兼及发布政令，故而李贤等人认为"檄"相当于"今之露布也"。

(3) 至永元六年，都护班超发诸国兵讨焉耆、危须、尉黎、山国，遂斩焉耆、尉黎二王首，传送京师，县蛮夷邸。(《西域传第七十八》)

李贤注：(蛮夷邸) 蛮夷皆置邸以居之，若今鸿胪寺也。

按："蛮夷邸"是汉朝时设立的专供外族或外国使节居住的馆舍，西汉时设于长安，东汉时设于洛阳，"蛮夷邸"的设立反映出汉朝时中外交流进入了一个崭新阶段。鸿胪寺自北齐时开始设立，主要负责番客朝会、吉凶礼仪等，隋唐延置。唐代设鸿胪客馆，供外来使节宾客居住，由鸿胪寺管理。从功能上看，"蛮夷邸"与"鸿胪客馆"的作用基本是相同的，《汉书》颜师古注中也有相关注解，"蛮夷邸，若今鸿胪客馆"[①]。

---

① （汉）班固撰，（唐）颜师古注：《汉书》卷9，中华书局1962年版，第295页。

与颜注相比，李贤等人将"蛮夷邸"训为"若今鸿胪寺也"，虽不是十分确切，但也可以大致说明蛮夷邸的功能。

六　举例

所谓举例，就是用举例子的办法来对词义进行解释。一般说来，训诂学家采用这种训诂方法并不是要对词义进行具体解释，而是举出相关例证，使人们对被释词的理解更为简单直观。李贤注中也有相关用例，常用的形式是"某某之属""某某之类"。例如：

(1) 秋节既立，鸷鸟将用，且复重申，以观后效。(《孝安帝纪第五》)

李贤注：鸷鸟谓鹰鹯之类也。

按："鸷鸟"意为凶猛的飞禽，李贤等人没有直接解释"鸷鸟"的含义，而是列举了"鹰"和"鹯"两种猛禽，指出"鸷鸟"就是诸如"鹰""鹯"之类的鸟。

(2) 刺史举所部，郡国太守相举墨绶，隐亲悉心，勿取浮华。(《孝安帝纪第五》)

李贤注：墨绶谓令、长之属也。

按："墨绶"意为系在印章柄上的黑色带子。秦汉时期，朝廷官员依据官阶高低而采用不同的印绶，据《汉书·百官公卿表》记载，丞相、太尉、御史大夫、太傅、太师、太保、左右将军等高级官员使用金印紫绶，"凡吏秩比二千石以上，皆银印青绶，光禄大夫无。秩比六百石以上，皆铜印黑绶，大夫、博士、御史、谒者、郎无。其仆射、御史治书尚符玺者，有印绶。比二百石以上，皆铜印黄绶。成帝阳朔二年除八百石、五百石秩。绥和元年，长、相皆黑绶。哀帝建平二年，复黄绶"①。由此可知，秦汉时期可以使用"墨绶"的官员范围曾多次发生变化，但主要是指令、长等官员。此处李贤等人没有直接解释"墨绶"的含义，而是列举了可以使用"墨绶"的官职，同样可以达到释义的目的。

(3) 走昔以摩研编削之才，与国师公从事出入，校定秘书，窃自依依，末由自远。(《苏竟杨厚列传第二十上》)

李贤注：走谓驰走之人，谦称也，犹司马迁与任少卿书云"牛马走"之类也。

按：在该例中，李贤等人先是指出"走"是一种自谦的说法，为便于读者理解，又以司马迁《报任安书》为例，指明这里的"走"与"牛马走"所表达的意思基本一致，都是表示自谦。

七 由反知正

"由反知正"的释义方法在秦汉时期的古书注解中就已经开始使用了，如《诗经·小雅·巧言》"僭始既涵"郑玄笺曰："僭，不信也。"② 与常见的训诂方法有所不同，"由反知

---

① （汉）班固撰，（唐）颜师古注：《汉书》卷19，中华书局1962年版，第743页。

② 李学勤主编：《十三经注疏·毛诗正义》卷12，北京大学出版社1999年版，第755页。

正"是借助"否定—肯定"这一对逻辑关系来进行释义的,故而其在释义方式上也有一定的要求,即采用"否定词+与被释词意义相反或相对的词语"的方式。李贤注当中也有相关用例。例如:

(1) 臣等以荆属託母弟,陛下留圣心,加恻隐,故敢请耳。如令陛下子,臣等专诛而已。(《樊宏阴识列传第二十二》)

李贤注:专谓不请也。

按:"专"意为独断专行,"请"意为请示,二者意义相反,李贤等人训"专"为"不请",十分恰当。

(2) 百僚劳扰,纷华道路,只增尘垢,虽云礼制,亦有权时。(《梁统列传第二十四》)

李贤注:权时谓不依礼也。

按:此处的"权时"意为根据实际情况进行变通。此句出自东汉大臣梁商去世前对儿子的嘱托,当时适逢边境战乱,朝廷开支巨大,梁商认为不能因自己去世而耗费国家钱财,故而叮嘱儿子务必进行薄葬。通过对上下文语境分析可知,"礼制"与"权时"的意思是相对的,梁商去世后本应依礼制举行隆重葬礼,梁商嘱其子曰"权时",即不依礼制。李贤等人训"权时"为"不依礼",正是采用了"否定词+意义相对词语"的表述方式。

(3)（乌桓）贵少而贱老，其性悍塞。(《乌桓鲜卑列传第八十》)

李贤注：塞谓不通。

按："塞"有"阻碍""堵塞"之义，与"通"意义相对。此处的"塞"指的是乌桓人在性格或者思想方面比较闭塞狭隘，这也是一种不通达的表现，故而李贤等人直接将"塞"解释为"不通"，简单明了。

八　运用辞书

所谓"运用辞书"，是指在进行注解的时候，利用前人的辞书来进行注释或者印证自己的观点。辞书是注解家为古籍作注时不可或缺的参考资料。一般来说，辞书都经过了前人系统的整理和校正，可参考价值较高。李贤等人注解《后汉书》时也引用了大量辞书，其中引用频率较高的辞书主要有四种，分别是《尔雅》《方言》《说文》和《释名》。

（一）引用《尔雅》

《尔雅》是我国第一部按义类编排的综合性辞书，是第一部研究字义和词义的训诂学专著。全书共收词语和专用名词2091条，分别列入《释诂》《释言》《释训》等19篇，是注解家常用的参考辞书。李贤注中也经常引用《尔雅》的内容。例如：

(1) 远览"复子明辟"之义，近慕先姑归授之法，及今令辰，皇帝称制。(《孝桓帝纪第七》)

李贤注：《尔雅》曰"妇人谓夫之父曰舅，夫之母曰姑。在则曰君舅、君姑，殁则曰先舅、先姑"也。

(2) 即分三千人守巨里，自行精兵上冈阪，乘高合战，大破之，临陈斩邑。(《耿弇列传第九》)

李贤注：《尔雅》曰："山脊曰冈，坡者曰阪。"

(二) 引用《方言》

《方言》全称为《輶轩使者绝代语释别国方言》，西汉扬雄著。《方言》是我国第一部汉语方言学著作，其体例模仿《尔雅》，内容则是汇集了各种方言词汇，并且指出了这些词汇在西汉时期的发展变化。注解家们在注释方言词汇的时候，经常会引用《方言》中的内容。李贤注当中也多次引用了《方言》。例如：

(1) 友人不肯见，曰："不有忠言奇谋而取大位，何其往来屑屑不惮烦也？"遂拒之。(《宣张二王杜郭吴承郑赵列传第十七》)

李贤注：扬雄《方言》曰："屑屑，不安也。秦、晋曰屑屑。"

(2) 君子不患位之不尊，而患德之不崇；不耻禄之不夥，而耻智之不博。(《张衡列传第四十九》)

李贤注：《方言》曰："凡物盛而多，齐宋之郊谓之夥。"

(三) 引用《说文》

《说文》全称为《说文解字》，东汉许慎著。《说文》是我国历史上第一部按部首编排的字典，收录了9000多个汉字，许慎对这些字进行了系统分类和整理，并探求它们的本义。自《说文》成书后，注解家们在作注时便经常引用该书来解释词义或者印证自己的观点。李贤注中也经常引用《说文》。例如：

（1）每寻前世举人贡士，或起圳亩，不系阀阅。（《肃宗孝章帝纪第三》）

李贤注：《说文》曰："圳，田中之沟。"

（2）（鲁）恭到，重购赏，开恩信，其渠帅张汉等率支党降，恭上以汉补博昌尉，其馀遂自相捕击，尽破平之，州郡以安。（《卓鲁魏刘列传第十五》）

李贤注：《说文》曰："以财相赎曰购。"

（四）引用《释名》

《释名》，东汉末刘熙著。《释名》是一部从语源角度来探究字义的辞书，全书用音同或音近字来解释字义，并且关注当时的语音与古音之间的异同，是语源学研究的重要著作。李贤注当中也有不少地方引用了《释名》。例如：

（1）选练武卫，招募猛士，旌旗辎重，千里不绝。（《光武帝纪第一上》）

李贤注：《释名》曰："辎，厕也。谓军粮什物杂厕载之。以其累重，故称辎重。"

（2）其赐天下三老酒人一石，肉四十斤。有司其存

耆耊，恤幼孤，惠鳏寡，称朕意焉。(《显宗孝明帝纪第二》)

李贤注：《释名》曰："耆，指也，不从力役，指事使人也。耊，铁也，皮肤变黑色如铁也。"

九　勾稽旧注

所谓"勾稽旧注"，是指注解家在注解古书时，利用前人对古籍的注解来注释或者印证自己的观点。前面我们已经提到，利用辞书来进行注释是注解家们常用的也是行之有效的训诂方法，但是，不管辞书规模如何庞大，也不可能将古代典籍中的注释资料完全收录。因此，注解古书时仅参考辞书是远远不够的，还需要借助前代典籍中的各种训诂资料，从而加强注释的全面性和准确性。李贤等人在为《后汉书》作注时就大量引用了典籍中的训诂资料。例如：

(1) 五月庚子，京师大雩。(《孝安帝纪第五》)

李贤注：《左传》曰："龙见而雩。"杜预注云："谓建巳之月，龙星角、亢见东方。雩，远也，远为百穀求膏雨。"《周礼》司巫职曰："若国大旱，则帅巫而舞雩。"郑玄注云："雩，吁也，嗟而求雨。"

(2) 悃悃安丰，亦称才雄。(《窦融列传第十三》)

李贤注：《楚词》曰"悃悃款款"也。王逸注曰"志纯一也"。

(3) 惟家之索，牝鸡之晨。(《文苑列传第七十上》)

李贤注：《尚书》曰："牝鸡无晨。牝鸡之晨，惟家之索。"孔安国注云"索,尽也。雌代雄鸣则家尽,妇夺夫政则国亡"也。

除了古书的注解之外,李贤注中还引用了许多古籍的原文,如《三礼》《孟子》《大戴礼记》《左传》等古籍中的语料,以疏通文义。例如:

(1) 辛酉,诏曰:"往岁水旱蝗虫为灾,穀价腾跃,人用困乏。朕惟百姓无以自赡,恻然愍之。其命郡国有穀者,给禀高年、鳏、寡、孤、独及笃癃、无家属贫不能自存者,如律。二千石勉加循抚,无令失职。"(《光武帝纪第一下》)

李贤注:《大戴礼》曰:"六十无妻曰鳏,五十无夫曰寡。"《礼记》曰:"幼而无父曰孤,老而无子曰独。"

(2) 顷者师旅未解,用度不足,故行什一之税。(《光武帝纪第一下》)

李贤注:谓十分而税其一也。《孟子》曰:"夏五十而贡,殷七十而助,周百亩而彻,其实皆什一也。"

(3) 是岁大水。(《光武帝纪第一下》)

李贤注:《左传》曰:"平原出水为大水。"

十 存疑

李贤等人注解《后汉书》的态度是非常严谨的,遇到存在疑问的地方,通常都会在注文中指出,以供后人参考研究。例如:

(1) 谢弼字辅宣，东郡武阳人也。(《杜栾刘李刘谢列传第四十七》)

李贤注：《谢承书》曰："弼字辅鸾，东郡濮阳人也。"与此不同。

(2) 孔昱字元世，鲁国鲁人也。七世祖霸，成帝时历九卿，封褒成侯。(《党锢列传第五十七》)

李贤注：《前书》孔霸字次儒，即安国孙，世习《尚书》。宣帝时为太中大夫，授太子经，迁詹事，高密相。元帝即位，霸以师赐爵关内侯，号褒成君。薨，谥曰烈君。今《范书》及《谢承书》皆云成帝，又言封侯，盖误也。

(3) 单于姓虚连题。(《南匈奴列传第七十九》)

李贤注：《前书》曰："单于姓挛鞮氏，其国称之曰'撑犁孤涂'。匈奴谓天为撑犁，谓子为孤涂。"与此不同也。

十一　阙如

李贤等人注解《后汉书》时，对因缺少推求词义的线索而无法作出解释的地方，并没有妄加穿凿，而是标以"未详""未知其义"等，以待后人加以研究。例如：

(1) 后三年，忠说康居王借兵，还据损中，密与龟兹谋，遣使诈降于超。(《班梁列传第三十七》)

李贤注：损中，未详。

(2)《激楚》《杨阿》，至妙之容，台牧者之所贪。

(《文苑列传第七十下》)

李贤注：诸本并作"台牧",未详其义。

(3) 知染采文绣,屬甑帛叠,兰干细布,织成文章如绫锦。(《南蛮西南夷列传第七十六》)

李贤注：甑,未详。

统观李贤注,我们可以发现,李贤注中采用的训诂方法有两个显著特点。一是训诂方法灵活多样。李贤等人在对《后汉书》进行注解的时候采用了多种求义、释义的方法,力求使读者能够借助注释去准确理解书中的词义、句义。二是秉持实事求是的研究态度。《后汉书》卷帙浩繁,版本众多,注解难度较大,李贤等人在充分利用前代资料的基础上,加以自己的论断,力求对《后汉书》中出现的疑难字词句做出正确解释,对于无法解决的问题也如实记录,体现了严谨求实的治学精神。

第四章 《后汉书》李贤注引《尔雅》、郭璞《尔雅注》补正

《尔雅》是我国古代第一部词典，同时也是儒家"十三经"之一。"尔"意为"近"，"雅"意为"雅言"，所谓"尔雅"即以雅言解释古语、方言中的各类词汇。关于《尔雅》的作者及成书时间，学界历来存在不同的看法。目前，学者们大都主张《尔雅》并非一人所著，而是书成众手，其成书时间应在春秋末期至西汉之间。《尔雅》成书后，备受文人重视，历代皆有传抄刊刻，且注解版本众多，后世流传较广的是注疏版《尔雅》，即晋郭璞作注、北宋邢昺作疏的《尔雅注疏》。除了工具书的功能之外，《尔雅》也是历代注解家注解古籍时的常用参考书，经常被引作书证，在训诂学领域发挥着重要作用。李贤等人在注解《后汉书》时也大量引用了《尔雅》及郭璞《尔雅注》（以下简称"郭璞注"）的内容，我们将这些引文与如今常见的清代阮元《十三经注疏》中的《尔雅注疏》相比较，同时参照《尔雅》其他版本以及古代相关文献资料，可以对李贤注进行补正。

第四章 《后汉书》李贤注引《尔雅》、郭璞《尔雅注》补正

第一节 《后汉书》李贤注引《尔雅》、郭璞注概况

根据我们的统计,《后汉书》李贤注引用《尔雅》、郭璞注共计179条。其中,仅引用《尔雅》原文的有148条,仅引用郭璞注的有12条,同时引用了《尔雅》和郭璞注的有16条,未直接标明出处的有3条,现分别举例说明如下。

一 李贤注引《尔雅》

李贤注引用《尔雅》相关内容时,有时仅引用了《尔雅》原文,没有一并引用郭璞注。例如:

(1) 使太中大夫伏隆持节安辑青徐二州,招张步降之。(《光武帝纪第一上》)

李贤注:《尔雅》曰:"辑,和也。"

(2) 闻君前权时屈节,北面延牙,乃后觉悟,栖迟养德。(《苏竟杨厚列传第二十上》)

李贤注:《尔雅》曰"栖迟,息偃也",言后息偃养德,不复事延牙也。

(3) 鲁连辩言以退燕,包胥单辞而存楚;唐且华颠以悟秦,甘罗童牙而报赵。(《崔骃列传第四十二》)

李贤注:《尔雅》曰:"颠,顶也。"

二 李贤注引郭璞注

李贤注引用《尔雅》相关内容时,有时不引用《尔雅》

原文，而是仅引用郭璞注。例如：

（1）左牵牛而右织女，似云汉之无涯，茂树荫蔚，芳草被隄，兰茝发色，晔晔猗猗，若摘锦布绣，烛燿乎其陂。(《班彪列传第三十上》)

李贤注：郭璞注《尔雅》云："茝，香草。"

（2）玄鹤白鹭，黄鹄鸧鹤，鸹鸹鸨鸥，凫鹥鸿雁，朝发河海，夕宿江汉，沈浮往来，云集雾散。(《班彪列传第三十上》)

李贤注：郭璞注《尔雅》云："鸧似凫，脚近尾，略不能地行，江东谓之鱼鸧。"

（3）禽习春风，含津吐荣，铺于布濩，薱藟蘽荧，恶可殚形。(《马融列传第五十上》)

李贤注：薱音以揆反。郭璞注《尔雅》云："草木花初出为笋。"与薱通，其字从"唯"，本作从"荏"者，误也。

三 李贤注并引《尔雅》及郭璞注

李贤注引用《尔雅》相关内容时，有一部分在引用《尔雅》的同时也一并引用了郭璞注。例如：

（1）今既筑堤理渠，绝水立门，河、汴分流，复其旧迹，陶丘之北，渐就壤坟，故荐嘉玉洁牲，以礼河神。(《显宗孝明帝纪第二》)

李贤注：《尔雅》曰："丘再成曰陶丘。"郭璞曰：

"今济阴定陶城中有陶丘也。"

（2）孝顺初立，时髦允集。(《孝顺孝冲孝质帝纪第六》)

李贤注：《尔雅》曰："髦，俊也。"郭璞注曰："士中之俊，犹毛中之髦。"

（3）夫养稂莠者伤禾稼，惠奸轨者贼良民。(《王充王符仲长统列传第三十九》)

李贤注：《尔雅》曰："稂，童粱。"郭璞注云："莠类也。"

四 未标明出处

李贤注引用郭璞注相关内容时，有的没有直接标明出处，而是在引文前加以"郭璞云""郭璞曰"等字样。例如：

（1）后有冠雀衔三鳣鱼，飞集讲堂前，都讲取鱼进曰："蛇鳣者，卿大夫服之象也。数三者，法三台也。先生自此升矣。"(《杨震列传第四十四》)

李贤注：郭璞云"鳣鱼长二三丈，音知然反"，安有鹳雀能胜二三丈乎？此为鳝明矣。

（2）在边十馀年，未尝一日蓐寝。(《皇甫张段列传第五十五》)

李贤注：郭璞曰："蓐，席也。"言身不自安。

（3）三年春，连雨六十馀日，允与士孙瑞、杨瓒登台请霁，复结前谋。(《陈王列传第五十六》)

李贤注：郭璞曰："南阳人呼雨止曰霁。"

第二节 《后汉书》李贤注引《尔雅》、郭璞注补正

根据我们的统计，在李贤注引用《尔雅》、郭璞注的用例中，引文与《尔雅注疏》所载完全相合的有 76 条，引文与《尔雅注疏》所载在表述形式上略有出入的有 48 条，引文与《尔雅注疏》所载完全不同的有 27 条，引文不见于《尔雅注疏》的有 28 条，现举例分析如下。

一 李贤注引《尔雅》、郭璞注与《尔雅注疏》完全相同

根据我们的整理统计，在李贤注引《尔雅》、郭璞注的内容中，有 76 条与《尔雅注疏》所载完全相同。例如：

（1）燔燎告天，禋于六宗，望于群神。（《光武帝纪第一上》）

李贤注：《尔雅》云："祭天曰燔柴。"

按：《尔雅注疏·释天》曰："祭天曰燔柴，祭地曰瘗薶。"[1]李贤注的引文内容、表述方式与《尔雅注疏》所载完全一致。

（2）以贵人有母仪之美，宜立为后，而固辞弗敢当，

---

[1] 李学勤主编：《十三经注疏·尔雅注疏》卷6，北京大学出版社1999年版，第180页。

第四章 《后汉书》李贤注引《尔雅》、郭璞《尔雅注》补正

列于媵妾。(《皇后纪第十上》)

李贤注:《尔雅》曰:"媵,送也。"

按:《尔雅注疏·释言》曰:"媵、将,送也。"① 李贤注仅引用了其中"媵,送也"一条,引文内容、表述方式与《尔雅注疏》完全一致。

(3) 及在朝廷,斤斤谨质,形于体貌。(《吴盖陈臧列传第八》)

李贤注:《尔雅》曰:"明明、斤斤,察也。"

按:《尔雅注疏·释训》:"明明、斤斤,察也。"② 李贤注的引文内容、表述方式与《尔雅注疏》完全一致。

(4) 帝尝幸其府舍,见而叹曰:"楚国二龚,不如云阳宣巨公。"即赐布帛帐帷什物。(《宣张二王杜郭吴承郑赵列传第十七》)

李贤注:《尔雅》曰:"帱谓之帐。"

按:《尔雅注疏·释训》曰:"帱谓之帐。"③ 李贤注的引文内容、表述方式与《尔雅注疏》完全一致。

---

① 李学勤主编:《十三经注疏·尔雅注疏》卷3,北京大学出版社1999年版,第62页。
② 李学勤主编:《十三经注疏·尔雅注疏》卷4,北京大学出版社1999年版,第94页。
③ 李学勤主编:《十三经注疏·尔雅注疏》卷4,北京大学出版社1999年版,第115页。

(5) 尔乃移师趋险，并蹈潜秽，穷虎奔突，狂兕触廲。(《班彪列传第三十上》)

李贤注：《尔雅》曰："兕似牛。"郭璞曰："一角，青色，重千斤。"

按：《尔雅注疏·释兽》曰："兕，似牛。【注】一角，青色，重千斤。"[1] 李贤注的引文内容、表述方式与《尔雅注疏》完全一致。

(6) 夫戎狄之隔远中国，幽处北极，界以沙漠，简贱礼义，无有上下，彊者为雄，弱即屈服。(《第五锺离宋寒列传第三十一》)

李贤注：《尔雅》曰"东至于泰远，西至于邠国，南至于濮铅（古同'铅'），北至于祝栗，谓之四极"也。

按：《尔雅注疏·释地》曰："东至于泰远，西至于邠国，南至于濮铅，北至于祝栗，谓之四极。"[2]"铅"古同"铅"。李贤注的引文内容、表述方式与《尔雅注疏》完全一致。

二 李贤注引《尔雅》、郭璞注与《尔雅注疏》基本相同

李贤注还有部分引用《尔雅》、郭璞注的引文在内容方面

---

[1] 李学勤主编：《十三经注疏·尔雅注疏》卷10，北京大学出版社1999年版，第328页。
[2] 李学勤主编：《十三经注疏·尔雅注疏》卷7，北京大学出版社1999年版，第198页。

第四章 《后汉书》李贤注引《尔雅》、郭璞《尔雅注》补正

与《尔雅注疏》基本一致，但个别字词或表达方式与《尔雅注疏》略有不同，这种情况共有48条。例如：

(1) 有司其勉顺时气，劝督农桑，去其螟蜮，以及蟊贼；详刑慎罚，明察单辞，夙夜匪懈，以称朕意。(《显宗孝明帝纪第二》)

李贤注：《尔雅》曰："食苗心曰螟，食节曰贼，食根曰蟊。"

按：《尔雅注疏·释虫》曰："食苗心，螟。食叶，蟘。食节，贼。食根，蝥。"① 该例中，李贤等人在引用《尔雅》时采用的是"某曰某"的格式，与《尔雅注疏》所载有一定差异，但文义并没有区别。李贤注引文中的"蟊"与《尔雅注疏》中的"蝥"，字形虽不同，但古时经常通用，对文义也没有产生影响。

(2) 远览"复子明辟"之义，近慕先姑归授之法，及今令辰，皇帝称制。(《孝桓帝纪第七》)

李贤注：《尔雅》曰"妇人谓夫之父曰舅，夫之母曰姑。在则曰君舅、君姑，殁则曰先舅、先姑"也。

按：《尔雅注疏·释亲》曰："妇称夫之父曰舅，称夫之

---

① 李学勤主编：《十三经注疏·尔雅注疏》卷9，北京大学出版社1999年版，第292页。

母曰姑。姑舅在,则曰君舅、君姑;没,则曰先舅、先姑。"①李贤注在引用《尔雅》时,使用的是"谓"字而不是"称"字,引文内容与《尔雅注疏》相比也略有缩减,但是并不影响读者对文义的理解。

(3)(马)援将楼船大小二千馀艘,战士二万馀人,进击九真贼徵侧馀党都羊等,自无功至居风,斩获五千馀人,峤南悉平。(《马援列传第十四》)

李贤注:《尔雅》曰:"山锐而高曰峤。"

按:《尔雅注疏·释山》曰:"锐而高,峤。"②李贤等人引用《尔雅》时有主语"山",并采用"某曰某"的格式,与《尔雅注疏》所载有一定差异,但文义没有发生改变。

(4)参差同量,坯冶一陶。(《崔骃列传第四十二》)

李贤注:郭璞注《尔雅》曰:"坯胎,物之始也。"

按:《尔雅注疏·释诂》曰:"初、哉、首、基、肇、祖、元、胎、俶、落、权舆,始也。"郭璞注曰:"胚胎未成,亦物之始也。"③李贤注所引"坯胎"即"胚胎",内容与《尔雅注疏》中的郭璞注基本相同。

---

① 李学勤主编:《十三经注疏·尔雅注疏》卷4,北京大学出版社1999年版,第122页。
② 李学勤主编:《十三经注疏·尔雅注疏》卷7,北京大学出版社1999年版,第210页。
③ 李学勤主编:《十三经注疏·尔雅注疏》卷1,北京大学出版社1999年版,第8页。

第四章 《后汉书》李贤注引《尔雅》、郭璞《尔雅注》补正

（5）且区区之鄹郊，犹廓七十里之囿，盛春秋之苗。（《马融列传第五十上》）

李贤注：《尔雅》曰："春猎为蒐，夏曰苗，秋曰狝，冬曰狩。"

按：《尔雅注疏·释天》曰："春猎为蒐，夏猎为苗，秋猎为狝，冬猎为狩。"① 李贤等人的引用内容与《尔雅注疏》所载略有差异，但文义并没有发生改变。

（6）（梁）冀乃封广、戒而露固尸于四衢，令有敢临者加其罪。（《李杜列传第五十三》）

李贤注：《尔雅》曰："四达谓之衢。"郭璞注曰："交通四出者也。"

按：《尔雅注疏·释宫》曰："四达谓之衢，【注】交道四出。"② 该例中，李贤注引用《尔雅》原文与《尔雅注疏》所载相同，所引郭璞注与《尔雅注疏》所载略有不同，但文义没有发生改变。

（7）其冬，公孙瓒大破黄巾，还屯槃河，威震河北，冀州诸城无不望风响应。（《袁绍刘表列传第六十四上》）

---

① 李学勤主编：《十三经注疏·尔雅注疏》卷6，北京大学出版社1999年版，第183页。
② 李学勤主编：《十三经注疏·尔雅注疏》卷5，北京大学出版社1999年版，第132页。

李贤注：《尔雅》有九河，鉤槃是其一也。故河道在今德州昌平县界，入沧州乐陵县，今名枯槃河。

按：《尔雅注疏·释水》："徒骇、太史、马颊、覆䨱、胡苏、简、絜、钩盘、鬲津。九河。"① 该例中，李贤等人没有直接引用《尔雅》原文，而是间接提及了"鉤槃"是《尔雅》所载"九河"之一，"鉤槃"亦作"鉤般""鉤盤"，今作"钩盘"，与《尔雅注疏》所载一致。

三　李贤注引《尔雅》、郭璞注与《尔雅注疏》不同

除了前面两种情况之外，在李贤注引《尔雅》及郭璞注的内容中，有27条与《尔雅注疏》不同，即在释义方面存在明显区别。例如：

(1) 其命郡国有穀者，给稟高年、鳏、寡、孤、独及笃癃、无家属贫不能自存者，如律。(《光武帝纪第一下》)

李贤注：《尔雅》曰："笃，困也。"

按：《尔雅注疏·释诂》中收录了"笃"的两个义项：一是"笃，固也"②，二是"笃，厚也"③，并没有收录"笃，困也"这一义项。例文中"笃癃"与"高年、鳏、寡、孤、

---

① 李学勤主编：《十三经注疏·尔雅注疏》卷7，北京大学出版社1999年版，第227—228页。

② 李学勤主编：《十三经注疏·尔雅注疏》卷2，北京大学出版社1999年版，第26页。

③ 李学勤主编：《十三经注疏·尔雅注疏》卷2，北京大学出版社1999年版，第35页。

第四章 《后汉书》李贤注引《尔雅》、郭璞《尔雅注》补正

独"并列,指的都是在生活方面存在困难的人,其中"笃癃"指的是患有严重疾病的人,"笃"似应理解为"甚"或"重"。《慧琳音义》卷二十五"病笃"条下注曰:"厚也,困重。"①《文选·李令伯〈陈情表〉》"刘病日笃"李周翰注曰:"笃,病甚也。"② 李贤注训"笃"为"困也",于文义而言勉强可通,但目前我们所查阅的资料中未发现其他古籍引用《尔雅》"笃,困也"的用例。《故训汇纂》"笃,困也"条下也仅收录了我们所列的这条李贤注引文。倘若李贤注引文"困"字乃"固"字之误,则应出自《尔雅》,与《后汉书》原文的文义却不相符。综合上述情况,我们认为,目前该条引文是否出自《尔雅》存疑,需要进一步寻找其他证据材料。

(2)(梁)松去后,诸子问曰:"梁伯孙帝婿,贵重朝廷,公卿已下莫不惮之,大人奈何独不为礼?"(《马援列传第十四》)

李贤注:《尔雅》曰:"女子之夫为壻。"

按:《尔雅注疏·释亲》曰:"女子子之夫为壻。"③"壻"古同"婿"。李贤注将"女子之夫"称为"婿",此说

---

① 徐时仪校注:《一切经音义三种校本合刊》,上海古籍出版社2008年版,第935页。
② (梁)萧统编,(唐)李善等注:《六臣注文选》卷37,中华书局2012年版,第696页下栏。
③ 李学勤主编:《十三经注疏·尔雅注疏》卷4,北京大学出版社1999年版,第122页。

盖误。"夫"是女子对配偶的称呼,"婿"则是父母对女儿的丈夫的称呼。"女子子"特指"女儿",如《仪礼·丧服》"女子子在室为父"郑玄注曰:"女子子者,子女也,别于男子也。"① 而"女子"既可以指尚未出嫁的女孩,也可以指已经出嫁的妇人,并没有"女儿"这一义项。《礼记·杂记上》"女子附于王母则不配"郑玄注曰:"女子,谓未嫁者也。"② 《礼记·曲礼上》"女子许嫁"孔颖达疏曰:"女子,妇人通称也。"③ 据《后汉书》上下文可知,梁松娶了皇帝的女儿,成了"帝婿",故《尔雅注疏》载"女子子之夫为婿"当无误。《尔雅注疏》中的记载与唐开成石经本《尔雅》亦相合。开成石经始刻于唐代文宗大和七年(公元833年),至开成二年(公元837年)完成,是现存《尔雅》版本中距离李贤时代最近的完整版本。由此可以推断,李贤等人的引文有脱漏,《尔雅注疏》所载较为可信。

(3) 其阳则崇山隐天,幽林穹谷,陆海珍藏,蓝田美玉,商、洛缘其隈,鄠、杜滨其足,源泉灌注,陂池交属,竹林果园,芳草甘木,郊野之富,号曰近蜀。(《班彪列传第三十上》)

李贤注:《尔雅》曰:"邑外曰郊,郊外曰野。"

---

① 李学勤主编:《十三经注疏·仪礼注疏》卷29,北京大学出版社1999年版,第557页。

② 李学勤主编:《十三经注疏·礼记正义》卷40,北京大学出版社1999年版,第1168页。

③ 李学勤主编:《十三经注疏·礼记正义》卷3,北京大学出版社1999年版,第51—52页。

第四章 《后汉书》李贤注引《尔雅》、郭璞《尔雅注》补正

按：《尔雅注疏·释地》曰："邑外谓之郊，郊外谓之牧，牧外谓之野，野外谓之林，林外谓之坰。"① 李贤注引文与《尔雅注疏》所载差异主要集中在"郊外"的名称方面。《尔雅注疏》所载《尔雅》原文，按照距离由近及远的顺序对城邑之外的土地进行了更为详细的划分，分别为郊、牧、野、林、坰。《文选·颜延年〈应诏谶曲水作诗〉》"爰履奠牧"李善注引《尔雅》曰："郊外谓之牧。"② 李善生于公元630年，卒于公元689年，李贤生于公元655年，卒于公元684年，二人生活时代大致相同，所见到的《尔雅》版本也应基本无差。经过对比，《尔雅注疏》所载与李善注的引文、唐开成石经本《尔雅》均相合，故李贤注引文有误的可能性较大。古籍中不乏释"野"为"郊外"的用例，如《说文·里部》曰："野，郊外也。"③《周礼·秋官司寇·士师》"帅其属而宪禁令于国及郊野"郑玄注曰："去国百里为郊，郊外谓之野。"④ 李贤等人作注时多有引用《说文》原文及《周礼》郑玄注的用例，此处注文很可能源自这两本古籍的其中一部，而误冠以《尔雅》之名。

（4）下有郑、白之沃，衣食之源，隄封五万，疆场绮分，沟塍刻镂，原隰龙鳞，决渠降雨，荷臿成云，五榖

---

① 李学勤主编：《十三经注疏·尔雅注疏》卷7，北京大学出版社1999年版，第196—197页。
② （梁）萧统编，（唐）李善等注：《六臣注文选》卷20，中华书局2012年版，第378页下栏。
③ （汉）许慎：《说文解字校订本》卷13，班吉庆等点校，凤凰出版社2004年版，第406页。
④ 李学勤主编：《十三经注疏·周礼注疏》卷35，北京大学出版社1999年版，第927页。

垂颖，桑麻敷菜。(《班彪列传第三十上》)

李贤注：《尔雅》曰："高平曰原，下湿曰隰。"

按：《尔雅注疏·释地》曰："下湿曰隰，大野曰平，广平曰原，高平曰陆。"① 例文中，李贤注引文与《尔雅注疏》所载内容的差异主要集中于"原"的定义，即"原"究竟是"高平"还是"广平"。经过对比，唐开成石经本《尔雅》、宋监本《尔雅郭注》皆与《尔雅注疏》所载相同。《文选·班孟坚〈西都赋〉》"原隰龙鳞"李善注引《尔雅》曰："高平曰原。"②《文选·孙兴公〈游天台山赋〉》"登陆则有四明天台"李善注引《尔雅》曰："高平曰陆。"③ 李善注的引文前后不一，两例之中盖有一误，故不能据此断定唐代是否存在载有"高平曰原"的《尔雅》版本。而《诗经·小雅·皇皇者华》："皇皇者华，于彼原隰。駪駪征夫，每怀靡及。"毛传："高平曰原，下湿曰隰。"④ 与李贤注引文完全相合，李贤注亦多有引用《毛传》的用例，此处引自《毛传》而误冠以《尔雅》之名也是有可能的。

(5) 于是发鲸鱼，铿华钟，登玉辂，乘时龙，凤盖飒洒，和鸾玲珑，天官景从，祲威盛容。(《班彪列传第

---

① 李学勤主编：《十三经注疏·尔雅注疏》卷7，北京大学出版社1999年版，第197页。

② (梁)萧统编，(唐)李善等注：《六臣注文选》卷1，中华书局2012年版，第27页下栏。

③ (梁)萧统编，(唐)李善等注：《六臣注文选》卷11，中华书局2012年版，第209页上栏。

④ 李学勤主编：《十三经注疏·毛诗正义》卷9，北京大学出版社1999年版，第564页。

第四章 《后汉书》李贤注引《尔雅》、郭璞《尔雅注》补正

三十下》)

李贤注:《尔雅》曰:"马高八尺以上曰龙。"

按:《尔雅注疏·释畜》曰:"马八尺为駥。"① 古人对于马非常重视,对马的分类也非常详细,将高大健壮的马称为"龙",古已有之。如《仪礼·觐礼》"天子乘龙"郑玄注曰:"马八尺以上为龙。"② 《说文·马部》原未收"駥",新附字则有收录,意为"马高八尺"③。可见,"駥"应为后起字,在宋代时已经被广泛使用。目前我们可以见到的《尔雅》版本中,使用"駥"或"龙"字者皆有,盖后人传抄过程中依当时的使用习惯改写之故。

(6) 秦领九嵕,泾渭之川,曷若四渎五岳,带河溯洛,图书之渊?(《班彪列传第三十下》)

李贤注:《尔雅》曰:"太山为东岳,衡山为南岳,华山为西岳,恒山为北岳,嵩山为中岳。"

按:《尔雅注疏·释山》曰:"泰山为东岳,华山为西岳,霍山为南岳,恒山为北岳,嵩高为中岳。"④ "太山"即"泰

---

① 李学勤主编:《十三经注疏·尔雅注疏》卷10,北京大学出版社1999年版,第343页。
② 李学勤主编:《十三经注疏·仪礼注疏》卷27,北京大学出版社1999年版,第530页。
③ (汉)许慎:《说文解字校订本》卷10,班吉庆等点校,凤凰出版社2004年版,第278页。
④ 李学勤主编:《十三经注疏·尔雅注疏》卷7,北京大学出版社1999年版,第214页。

山",李贤注引文与《尔雅注疏》所载《尔雅》原文的主要差别在于"南岳"究竟是指"衡山"还是"霍山"。据史料记载,"衡山"即如今的湖南衡山,而"霍山"则位于安徽省,其具体位置学界一直存在争议。有学者考证"霍山"为霍山县的霍山,亦有学者考证"霍山"为潜山县的天柱山。虽然"霍山"具体是指两座山中的哪一座,目前还无法得出明确结论,但古时"霍山"并非"衡山"是可以确定的。至于李贤注为何称"衡山"为"南岳",而《尔雅注疏》中却记载"霍山"为"南岳",则需要从历史中寻找线索。据史料记载,汉武帝在位时曾封"霍山"为"南岳"。隋文帝统一全国之后,又下诏将"衡山"定为"南岳","霍山"从此不再有"南岳"之称。因此,《尔雅》载"霍山"为"南岳",而此处李贤注沿用了隋朝改"衡山"为"南岳"之后的叫法,将"衡山"称为"南岳"。李贤注也曾引《尔雅》曰"霍山为南岳"。

前祠园陵,遂望祀华、霍,东紫岱宗,为人祈福。(《肃宗孝章帝纪第三》)

李贤注:华、霍,山名也。霍在庐江灊县西南,亦名天柱山。《尔雅》曰华山为西岳,霍山为南岳。

同样是李贤注引《尔雅》的内容,关于"南岳"的所指却出现了"霍山""衡山"两种说法,更说明了李贤等人在作注时,注解家有的依据唐代的叫法将"南岳"改为"衡山",有的则沿用了《尔雅》原本的叫法,依旧将"霍山"称为"南岳"。

第四章 《后汉书》李贤注引《尔雅》、郭璞《尔雅注》补正

(7) 陛下即位，躬天然之德，体晏晏之姿，以宽弘临下，出入四年，前岁诛刺史、二千石贪残者六人。(《第五锺离宋寒列传第三十一》)

李贤注：《尔雅》曰："晏晏，温和也。"

按：《尔雅注疏·释训》曰："晏晏、温温，柔也。"① 经对比，唐开成石经本《尔雅》、宋监本《尔雅郭注》与《尔雅注疏》所载相合。除该例外，李贤注中还出现过两处"晏晏，温和也"的注释。

今国家秉聪明之弘道，明公履晏晏之纯德，君臣相合，天下翕然，治平之化，有望于今。(《朱乐何列传第三十三》)

李贤注：晏晏，温和也。

陛下即位，率由此义，数诏群僚，弘崇晏晏。(《郭陈列传第三十六》)

李贤注：晏晏，温和也。

但是，这两处注解均未指明引自《尔雅》。根据我们目前收集到的资料，尚没有见到其他古籍中引用《尔雅》"晏晏，温和也"的用例，《故训汇纂》中也没有收录相关用例。由此我们推断，该例中李贤注的引文误冠以《尔雅》之名的可能性较大。也有学者认为，"章怀此注'尔雅曰'

---

① 李学勤主编：《十三经注疏·尔雅注疏》卷4，北京大学出版社1999年版，第95页。

· 147 ·

三字疑衍"①，此说亦有合理之处。

(8) 是时窦太后临朝，窦宪兄弟擅权，太后及宪等，东海出也，故睦于焉而重于礼，加赙钱一亿。(《光武十王列传第三十二》)

李贤注：《尔雅》曰"女子之子为出"也。

按：《尔雅注疏·释亲》曰："男子谓姊妹之子为出。"②李贤注将"女子之子"称为"出"，此说盖误。"出"特指男子对姐妹之子的称呼，而非对"女子之子"的称谓。《释名·释亲属》曰："姊妹之子曰出，出嫁于异姓而生之也。"③《左传·庄公二十二年》"陈厉公，蔡出也"杜预注曰："姊妹之子曰出。"孔颖达疏曰："《释亲》云：'男子谓姊妹之子为出。'言姊妹出嫁而生子也。"④ 孔氏的引文与《尔雅注疏》相合。孔颖达卒于公元648年，此时李贤尚未出生，因而孔颖达所见《尔雅》应当比李贤等人所见的更接近于《尔雅》原貌，《尔雅注疏》中的记载与唐开成石经本《尔雅》亦相合，且"窦勋尚东海恭王之子沘阳公主，生窦太后及宪，故窦太后及宪于东海恭王子靖王为出

---

① 尉侯凯：《后汉书注引经考》，硕士学位论文，华中师范大学，2013年，第26页。
② 李学勤主编：《十三经注疏·尔雅注疏》卷4，北京大学出版社1999年版，第119页。
③ (汉)刘熙：《释名》(附音序、笔画索引)卷3，中华书局2016年版，第42—43页。
④ 李学勤主编：《十三经注疏·春秋左传正义》卷10，北京大学出版社1999年版，第269页。

也"①，照此推论，此处李贤注盖误，《尔雅注疏》所载为确。此外，李贤注还有一处引文同样引用了《尔雅》对"出"的解释，且与《尔雅注疏》基本相合。

每追念外属，孝景皇帝出自窦氏，定王，景帝之子，朕之所祖。(《窦融列传第十三》)

李贤注：《尔雅》曰："男子谓姊妹之子曰出。"

同样是对"出"的解释，李贤等人的引文却前后不一，盖因注书时间仓促而导致讹误。

(9) 腾蛇弃鳞，神龙丧角。(《王充王符仲长统列传第三十九》)

李贤注：《尔雅》曰："腾蛇有鳞。"

按：《尔雅注疏·释鱼》曰："螣，螣蛇。【注】龙类也，能兴云雾而游其中。《淮南》云蟒蛇。"②《尔雅注疏》中"腾"写作"螣"，无"有鳞"一语。唐开成石经本《尔雅》、宋监本《尔雅郭注》与《尔雅注疏》所载相同。古时传说，"螣蛇"是一种会飞的蛇，可以腾云驾雾。李贤注在引文中强调"有鳞"二字，大概是为了与原文中的"腾蛇弃鳞"相呼应，说明此物"有鳞"而后才能"弃鳞"，并未完全忠于

---

① 尉侯凯：《后汉书注引经考》，硕士学位论文，华中师范大学，2013 年，第 27 页。

② 李学勤主编：《十三经注疏·尔雅注疏》卷 9，北京大学出版社 1999 年版，第 302 页。

《尔雅》原文。

（10）惟陛下设置七臣，以广谏道，及开东序金縢史官之书，从尧舜禹汤文武致兴之道，远佞邪之人，放郑卫之声，则政致和平，德感祥风矣。(《杜栾刘李刘谢列传第四十七》)

李贤注：《尔雅》曰："东西厢谓之序。"

按：《尔雅注疏·释宫》曰："东西墙谓之序。【注】所以序别内外。【疏】'东西墙谓之序'。释曰：此谓室前堂上、东厢西厢之墙也。所以次序分别内外亲疏，故谓之序也。"[①]从《后汉书》原文来看，"开东序金縢史官之书"中的"东序"应该是指宫室的东厢房，是专门收藏图书和秘籍的地方，因而李贤等人将"序"释为"东西厢"应该是正确的。但"东西厢谓之序"是否出自《尔雅》则应存疑。《文选·颜延年〈皇太子释奠会作〉》"缨笏币序"李善注引《尔雅》曰："东西墙谓之序。"[②]《大戴礼记·主言》"退负序而立"王聘珍解诂引《尔雅》曰："东西墙谓之序。"[③]唐开成石经本《尔雅》、宋监本《尔雅郭注》所载与《尔雅注疏》所载相同。据此可以推断，《尔雅》原文应为"东西墙谓之序"。

[①] 李学勤主编：《十三经注疏·尔雅注疏》卷5，北京大学出版社1999年版，第124—125页。

[②] （梁）萧统编，（唐）李善等注：《六臣注文选》卷20，中华书局2012年版，第380页下栏。

[③] （清）王聘珍：《大戴礼记解诂》卷1，王文锦点校，中华书局1983年版，第1页。

第四章 《后汉书》李贤注引《尔雅》、郭璞《尔雅注》补正

"序"可以指"东西厢",应是由"东西墙"引申而来的,李贤注所引注文盖出自他处而非《尔雅》。

(11)或轻诊趒悍,廋疏娄领,犯历嵩峦,陵乔松,履脩橎,踔攳枝,秒标端,尾苍蜼,掎玄猨,木产尽,寓属单。(《马融列传第五十上》)

李贤注:《尔雅》曰:"山大而高曰嵩,山小而高锐曰峦。"

按:《尔雅注疏·释山》曰:"山大而高,崧。山小而高,岑。锐而高,峤。"① 李贤注引文与《尔雅注疏》所载有明显不同。"嵩"同"崧",此处李贤注用"嵩"字而不用"崧"字,盖因注解家为对应原文"嵩峦"而改字。而李贤注引文对于"峦"的解释,则集合了《尔雅注疏》所载《尔雅》原文对"岑"和"峤"的解释,"峦"同时具备了"小""高""锐"三个特征。《文选·左太冲〈吴都赋〉》"崩峦弛岑"李善注引《尔雅》曰:"山小而高曰岑。"② 唐开成石经本《尔雅》、宋监本《尔雅郭注》所载与《尔雅注疏》所载相同,李贤注引文盖误。

(12)非复披延永巷之职,闱牖房闼之任也。(《宦者列传第六十八》)

---

① 李学勤主编:《十三经注疏·尔雅注疏》卷7,北京大学出版社1999年版,第209—210页。

② (梁)萧统编,(唐)李善等注:《六臣注文选》卷5,中华书局2012年版,第112页上栏。

李贤注：《尔雅》曰："小闱谓之闳。"

按：《尔雅注疏·释宫》曰："宫中之门谓之闱，其小者谓之闳，小闳谓之閤。"① 郝懿行《尔雅义疏》曰："闳为特立之户，不在门旁。其'閤'必云'门旁'不特立者，以閤又小于闳耳。"②《墨子·杂守》"閤通守舍"孙诒让间诂曰："《说文·门部》云：'閤，门旁户也。'《尔雅·释宫》云：'小闳谓之閤'。茅本作'阁'，非。"③《尔雅注疏》所载与唐开成石经本《尔雅》、宋监本《尔雅郭注》相合。"闳"与"閤"皆可以表示"小门"，但目前所见古籍资料中未见其他引《尔雅》"小闱谓之闳"的用例，李贤注盖误，《尔雅注疏》所载为确。

四　李贤注引《尔雅》、郭璞注不见于《尔雅注疏》

经过我们的统计，在李贤注引《尔雅》及郭璞注的内容中，有28条在《尔雅注疏》中没有出现。例如：

（1）贼数挑战，光武坚营自守；有出卤掠者，辄击取之，绝其粮道。(《光武帝纪第一上》)

李贤注：郭璞注《尔雅》曰："掠，夺取也。"

---

① 李学勤主编：《十三经注疏·尔雅注疏》卷5，北京大学出版社1999年版，第130页。
② （清）郝懿行：《尔雅义疏》，王其和等点校，中华书局2017年版，第485页。
③ （清）孙诒让：《墨子间诂》卷15，孙启治点校，中华书局2017年版，第632页。

第四章 《后汉书》李贤注引《尔雅》、郭璞《尔雅注》补正

按：《尔雅注疏》中无此训，宋监本《尔雅郭注》亦未收录。《故训汇纂》中也没有检索到除李贤注此例之外引《尔雅》郭注"掠，夺取也"的相关用例。据此我们推测，李贤等人当时所参照的《尔雅》版本中收录此训的可能性较小，很有可能是引文出处有误。经查阅古籍资料，我们发现《左传·昭公二十年》"输掠其聚"杜预注曰："掠，夺取也。"[1] 与李贤注所引内容相合，而李贤注中也有较多引用《左传》以及杜预注的用例，此条训释也可能是引自《左传》杜预注，而误作《尔雅》郭璞注。有学者认为："'郭璞注尔雅'五字盖衍。《通典·兵部》引章怀此注作'卤，与"虏"同。掠，夺取之'。《太平御览·兵部》引作'卤，与"虏"同。掠，夺取之也。'"[2] 亦可作为参考。

（2）秋七月丁酉，茂陵园寝灾，帝缟素避正殿。（《孝顺孝冲孝质帝纪第六》）

李贤注：《尔雅》曰"缟，皓也"，缯之精白者曰缟。

按：《尔雅注疏》中无此训，唐开成石经本《尔雅》、宋监本《尔雅郭注》均未收。以上三种文献皆未收录，我们推断该条引文出自《尔雅》的可能性较小。《尔雅》成书后，社会上又出现了一批模仿《尔雅》体例的著作，如《小尔雅》《广雅》等，这些著作在李贤注中也多有引证。经过查阅上述

---

[1] 李学勤主编：《十三经注疏·春秋左传正义》卷49，北京大学出版社1999年版，第1398页。
[2] 尉侯凯：《后汉书注引经考》，硕士学位论文，华中师范大学，2013年，第7页。

· 153 ·

资料，我们发现《小尔雅·广诂篇》中有这样一条记载："缟、皓、素，白也。"① 《小尔雅》虽在体例上仿《尔雅》，但内容则是增广《尔雅》之所未备，且《小尔雅》与《尔雅》在名称上仅有一字之差，李贤等人引证时误将《小尔雅》记作《尔雅》是完全有可能的。

(3)（岑）彭数攻之，不利，于是装直进楼船、冒突露桡数千艘。(《冯岑贾列传第七》)

李贤注：《尔雅》②曰："楫谓之桡。"

按：《尔雅注疏》中无此训，唐开成石经本《尔雅》、宋监本《尔雅郭注》均未收。以上三种文献皆未收录，我们推断该条引文出自《尔雅》的可能性较小。经查阅古籍资料，《方言·卷九》曰："楫谓之桡。"③《小尔雅·广器》亦曰："楫谓之桡。"④李贤注中多有引自这两部书的用例，该条注文有可能出自这两部书中的某一部，而《小尔雅》与《尔雅》在名称上最为相近，李贤等人引用时脱去"小"字的可能性较大。

(4) 王莽时，寇贼群发，恽乃仰占玄象，叹谓友人

---

① （清）胡承珙：《小尔雅义证》卷1，石云孙校点，黄山书社2011年版，第27页。

② 中华国学文库本《后汉书》【校勘记】改《尔雅》为《方言》。

③ （汉）扬雄撰，（晋）郭璞注：《方言》（附音序、笔画索引），中华书局2016年版，第110页。

④ （清）胡承珙：《小尔雅义证》卷7，石云孙校点，黄山书社2011年版，第122页。

第四章 《后汉书》李贤注引《尔雅》、郭璞《尔雅注》补正

曰："方今镇、岁、荧惑并在汉分翼、轸之域,去而复来,汉必再受命,福归有德。如有顺天发策者,必成大功。"(《申屠刚鲍永郅恽列传第十九》)

李贤注:《尔雅》曰:"中央镇星,东方岁星,南方荧惑。"

按:《尔雅注疏》中无此训。唐开成石经本《尔雅》、宋监本《尔雅郭注》均未收。综合上述情况,我们认为例句的引文出自《尔雅》的可能性不大。古籍中关于"五星"的提法并不鲜见,但是目前可搜集到的解释"五星"含义的注解主要集中在唐代。如《春秋穀梁传·序》杨士勋疏曰:"五星者,即东方岁星,南方荧惑,西方太白,北方辰星,中央镇星是也。"① 《周礼·春官宗伯·大宗伯》"以实柴祀日、月、星、辰"郑玄注曰:"星谓五纬,辰谓日月所会十二次。"② 贾公彦疏曰:"云'星谓五纬'者,五纬即五星,东方岁星,南方荧惑,西方大白,北方辰星,中央镇星。"③ 杨士勋、贾公彦的注解一致,但均未提及《尔雅》,很有可能唐朝的文人学者们对于"五星"已经形成了统一的认知,李贤注所载出处盖误。

---

① 李学勤主编:《十三经注疏·春秋穀梁传注疏》,北京大学出版社1999年版,第4页。
② 李学勤主编:《十三经注疏·周礼注疏》卷18,北京大学出版社1999年版,第451页。
③ 李学勤主编:《十三经注疏·周礼注疏》卷18,北京大学出版社1999年版,第453页。

（5）其阳则崇山隐天，幽林穿谷，陆海珍藏，蓝田美玉，商、洛缘其隈，鄠、杜滨其足，源泉灌注，陂池交属，竹林果园，芳草甘木，郊野之富，号曰近蜀。（《班彪列传第三十上》）

李贤注：鄠、杜，二县名，近南山之足。《尔雅》云："麓，山足也。"

按：《尔雅注疏》中无此训。唐开成石经本《尔雅》、宋监本《尔雅郭注》均未收。以上三种文献皆未收录，我们推断该条引文出自《尔雅》的可能性较小。《故训汇纂》所收资料中也未见除李贤注此例以外引《尔雅》"麓，山足也"的用例。古注中训"麓"为"山足"的注文较为常见，如《周礼·地官司徒》"每大林麓下士十有二人"郑玄注曰："林木生平地曰林，山足曰麓。"① 《诗经·大雅·旱麓》"瞻彼旱麓"毛传："麓，山足也。"② 李贤注训"麓"为"山足"是正确的，但该条是否出自《尔雅》则应存疑。

（6）下有郑、白之沃，衣食之源，隄封五万，疆埸绮分，沟塍刻镂，原隰龙鳞，决渠降雨，荷臿成云，五穀垂颖，桑麻敷棻。（《班彪列传第三十上》）

李贤注：《尔雅》③曰："禾穗谓之颖。"《尔雅》④

---

① 李学勤主编：《十三经注疏·周礼注疏》卷9，北京大学出版社1999年版，第236页。
② 李学勤主编：《十三经注疏·毛诗正义》卷16，北京大学出版社1999年版，第1002页。
③ 中华国学文库本《后汉书》【校勘记】改《尔雅》为《小尔雅》。
④ 中华国学文库本《后汉书》【校勘记】改《尔雅》为《小尔雅》。

第四章 《后汉书》李贤注引《尔雅》、郭璞《尔雅注》补正

曰："敷，布也。"

按：《尔雅注疏》中无此二训。唐开成石经本《尔雅》、宋监本《尔雅郭注》中亦未见。而《文选·陆士衡〈文赋〉》"或苕发颖竖"李善注引《小雅》曰："禾穗谓之颖。"[1] 李善注中所谓"小雅"，是《小尔雅》的省称。而《小尔雅·广物篇》中确有"禾穗谓之颖"[2] 一条，故李贤注引文可能出自《小尔雅》，不知何故脱去"小"字，误作《尔雅》。"敷，布也"一条在《尔雅注疏》中亦无收录，唐开成石经拓本《尔雅》、宋监本《尔雅郭注》中亦未见。但该条注文见于《小尔雅·广诂篇》："颁、赋、铺、敷，布也。"[3] 此处李贤注引文也可能是脱去"小"字，误记为《尔雅》。

（7）殊方别区，界绝而不邻，自孝武所不能征，孝宣所不能臣，莫不陆詟水栗，奔走而来宾。（《班彪列传第三十下》）

李贤注：《尔雅》曰："詟，惧也。"

按：《尔雅注疏》中无此训，唐开成石经本《尔雅》、宋监本《尔雅郭注》均未收。以上三种文献皆未收录，我们推断该条引文出自《尔雅》的可能性较小。《故训汇纂》所收资

---

[1] （梁）萧统编，（唐）李善等注：《六臣注文选》卷17，中华书局2012年版，第313页上栏。
[2] （清）胡承珙：《小尔雅义证》卷8，石云孙校点，黄山书社2011年版，第132页。
[3] （清）胡承珙：《小尔雅义证》卷1，石云孙校点，黄山书社2011年版，第3页。

料中也未见除李贤注以外引《尔雅》"䂄，惧也"的用例。"䂄"在古代并不常用，目前我们见到的古注中多释"䂄"为"失气"之义，少见释"䂄"为"惧"的用例，故该条是否出自《尔雅》应存疑。

(8) 夫广厦成而茂木畅，远求存而良马絷，阴事终而水宿臧，场功毕而大火入。(《崔骃列传第四十二》)

李贤注：《尔雅》曰："心为大火。"

按：《尔雅注疏》中所载《尔雅》原文中无此训，唐开成石经本《尔雅》、宋监本《尔雅郭注》所载《尔雅》原文均未收。以上三种文献皆未收录，故该条引文出自《尔雅》的可能性较小。然《尔雅注疏·释天》曰："大火谓之大辰。【注】大火，心也，在中最明，故时候主焉。"[①] 此处郭璞注与例文中李贤注所引内容相似。此外，经查阅古籍资料后发现，《左传·襄公九年》曰："古之火正，或食于心，或食于咪，以出内火。是故咪为鹑火，心为大火。"[②]《左传》所载"心为大火"与例文中李贤注所引内容完全相同。据此我们推断，李贤注所引注文可能是引自郭璞注或引自《左传》。

(9) 光和元年，有虹蜺昼降于嘉德殿前，帝恶之，引赐及议郎蔡邕等入金商门崇德署，使中常侍曹节、王甫

[①] 李学勤主编：《十三经注疏·尔雅注疏》卷6，北京大学出版社1999年版，第175页。

[②] 李学勤主编：《十三经注疏·春秋左传正义》卷30，北京大学出版社1999年版，第866页。

第四章 《后汉书》李贤注引《尔雅》、郭璞《尔雅注》补正

问以祥异祸福所在。(《杨震列传第四十四》)

李贤注：郭景纯注《尔雅》曰："双出，色鲜盛者为雄，曰虹；暗者为雌，曰蜺。"

按：《尔雅注疏》中无此训，宋监本《尔雅郭注》亦未收，此条引文盖出自他处。而《尔雅注疏·释天》曰："螮蝀，虹也。"① 邢昺疏引《尔雅音义》云："虹双出，色鲜盛者为雄，雄曰虹。暗者为雌，雌曰蜺。"② 此条引文内容与李贤注引文相合。陆德明《经典释文》"霓"字释文引《尔雅音义》云："雄曰虹，雌曰霓。"③《玄应音义》卷一"曰虹"条下注亦引《尔雅音义》曰："双出鲜盛者为雄，雄曰虹。暗者为雌，雌曰蜺。"④ 由上述例证可以推知，李贤注所引注文应出自郭璞的《尔雅音义》。

(10) 昭綵藻与雕琢兮，璜声远而弥长。(《张衡列传第四十九》)

李贤注：《尔雅》曰："半璧曰璜。"

按：《尔雅注疏》中无此训，唐开成石经本《尔雅》、宋监本《尔雅郭注》中亦未见。《故训汇纂》所收的文献资料

---

① 李学勤主编：《十三经注疏·尔雅注疏》卷6，北京大学出版社1999年版，第172页。
② 李学勤主编：《十三经注疏·尔雅注疏》卷6，北京大学出版社1999年版，第174页。
③ （唐）陆德明：《经典释文》卷29，上海古籍出版社2013年版，第1643页。
④ 徐时仪校注：《一切经音义三种校本合刊》，上海古籍出版社2008年版，第21页。

中，除李贤注之外，亦未见其他文献引用《尔雅》中"半璧曰璜"的例证，因而李贤等人所见《尔雅》版本中有此条的可能性较小。经查阅古籍资料，见《说文》曰："璜，半璧也。"① 郑玄注"三礼"时经常引用《说文》的释文，如《周礼·春官宗伯·大宗伯》"以玄璜礼北方"郑玄注："半璧曰璜，象冬闭藏，地上无物，唯天半见。"② 其他文献中也有例证，如《文选·张平子〈思玄赋〉》"璜声远而弥长"旧注引《字林》曰："半璧曰璜。"③ 陆德明《经典释文》"璜"字条下曰："半璧曰璜。"④ 有学者认为，李贤注中"'尔雅'盖'字林'之讹也"⑤，但《字林》的成书时代远后于《说文》，故《说文》为原出处的可能性较大，且李贤注中多有引自《说文》的例证，故此条很有可能引自《说文》。

(11) 畎渎润溆，水泉灌溉，渐泽成川，粳稻陶遂。（《文苑列传第七十上》）

李贤注：《尔雅》曰："遂，生也。"

按：《尔雅注疏》中无此训，唐开成石经本《尔雅》、宋监本《尔雅郭注》中亦未见。《故训汇纂》所收的文献资料

---

① （汉）许慎：《说文解字校订本》卷1，班吉庆等点校，凤凰出版社2004年版，第6页。
② 李学勤主编：《十三经注疏·周礼注疏》卷18，北京大学出版社1999年版，第478页。
③ （梁）萧统编，（唐）李善等注：《六臣注文选》卷15，中华书局2012年版，第277页下栏。
④ （唐）陆德明：《经典释文》卷5，上海古籍出版社2013年版，第250页。
⑤ 尉侯凯：《后汉书注引经考》，硕士学位论文，华中师范大学，2013年，第34页。

中，亦未见除李贤注之外引《尔雅》"遂，生也"的用例，故而李贤等人所见《尔雅》版本中有此训的可能性较小。据《后汉书》上下文，"陶遂"意为"旺盛地生长"，此处的"遂"当为"生长、养育"之义。《国语·齐语》"牺牲不略，则牛羊遂"韦昭注曰："遂，长也。"[①] 李贤等人将"遂"释为"生也"是正确的，但此条引文是否出自《尔雅》则有待商榷。

[①] （三国吴）韦昭注：《宋本国语》（二），国家图书馆出版社2017年版，第17页。

第五章 《后汉书》李贤注引《说文解字》补正

《说文解字》（简称《说文》）是中国语言学史上第一部系统解释文字的辞书，同时也是我国字典的开山之作。全书共收录了 9000 余个汉字，首创了部首排序法，以 540 部为依据，对所收汉字进行了具体分类，同时从字形入手以探求字的本义。《说文解字》成书后，经过数百年的传抄，原貌渐失，南唐时期徐锴著《说文解字系传》对《说文解字》进行了整理校订，并补充了一些个人研究内容，世称"小徐本"。北宋时，徐锴的哥哥徐铉奉诏与句中正等人一同修订《说文解字》，该版本根据孙愐的《唐韵》给每个字增加了反切注音，并补充了 402 个见于其他典籍而许慎未收之字，世称"大徐本"。"小徐本"在后世流传不广，"大徐本"则因官修之故，在流传方面占有明显优势，现今的《说文解字》通行版本也是"大徐本"。也就是说，我们今天所能见到的《说文解字》通行版本最早也只能反映出该书在宋代的基本面貌。

《说文解字》成书后备受文人重视，许多注解家在注解古

第五章 《后汉书》李贤注引《说文解字》补正

书时都会引用《说文解字》中的词条，《后汉书》李贤注也不例外。李贤注作于唐代，李贤等人所参照的《说文解字》版本在"大徐本"之前，更接近于许书原貌，且宫廷藏本的质量多优于民间传抄本，故而我们将李贤注所引用的《说文解字》条目与现代通行的《说文解字》进行比较分析，借此对今本《说文解字》进行一些补正，对于今天的《说文解字》相关研究有一定助益。

根据我们的统计，李贤注共引用《说文解字》219 处，其中，有 76 处引用内容与今本《说文解字》的内容完全相同，有 110 处引用内容与今本《说文解字》存在差异，有 21 处引用内容与今本《说文解字》完全不同，有 12 处引用内容不见于今本《说文解字》（以下简称《说文》）。[①] 现分别加以讨论说明。

第一节 李贤注引《说文》与今本《说文》内容相同

根据我们的整理分析，在李贤注引用的《说文》内容中，共有 76 处与今本《说文》完全相同。例如：

[①] 高明在《〈后汉书〉李贤注引〈说文〉考》（载《南京师范大学文学院学报》2009 年第 4 期）一文中也有相关数量统计，"李贤《后汉书注》中共引《说文》219 次，除去重复出现，涉及汉字 192 个，是李贤注中引用小学类文献最多的一种。在这 192 个字中，有 86 字的字头及解释完全和大徐本《说文》相同，有 93 字的解释同今天流行的大徐本以及段注有不同程度的文字差异，还有 13 字，现今流传的各种版本《说文》没有收录"。高明所统计的条目总量与本书一致，具体分类的数量差异盖因参照标准不同。我们仅将李贤注引文的释义及语法格式与今本《说文解字》完全一致的情况归为"完全相同"，其他情况则再行划分。

(1) 帝积苦兵间，以嚣子内侍，公孙述远据边陲，乃谓诸将曰："且当置此两子于度外耳。"因数腾书陇、蜀，告示祸福。(《隗嚣公孙述列传第三》)

李贤注：《说文》曰："腾，传也。"

按：今本《说文》曰："腾，传也。"①

(2) 汉兵平蜀，春卿自杀，临命戒子统曰："吾绨帙中有先祖所传秘记，为汉家用，尔其修之。"(《苏竟杨厚列传第二十上》)

李贤注：《说文》曰："绨，厚缯也。"

按：今本《说文》曰："绨，厚缯也。"②

(3) 符第合会，取为大信，所以明著国命，敛持威重也。(《郭杜孔张廉王苏羊贾陆列传第二十一》)

李贤注：《说文》曰："符，信也。汉制以竹，长六寸，分而相合。"

按：今本《说文》："符，信也。汉制以竹，长六寸，分而相合。"③

---

① （汉）许慎：《说文解字校订本》卷10，班吉庆等点校，凤凰出版社2004年版，第278页。
② （汉）许慎：《说文解字校订本》卷13，班吉庆等点校，凤凰出版社2004年版，第381页。
③ （汉）许慎：《说文解字校订本》卷5，班吉庆等点校，凤凰出版社2004年版，第128页。

（4）树中天之华阙，丰冠山之朱堂，因瓌材而究奇，抗应龙之虹梁，列梦橑以布翼，荷栋桴而高骧。（《班彪列传第三十上》）

李贤注：《说文》曰："阙，门观也。"

按：今本《说文》曰："阙，门观也。"①

（5）夫岐嶷形于自然，倪天必有异表。（《邓张徐张胡列传第三十四》）

李贤注：《说文》曰："倪，譬谕也。"

按：今本《说文》曰："倪，譬谕也。"②

从上述用例中我们可以看到，李贤注所引用的《说文》内容与我们所参照的今本《说文》在释义与表述方式方面是完全一致的。据此我们可以推断，在《说文》流传的过程中，这部分内容是具有相当高的稳定性的，从《说文》成书到现代都没有发生改变。

第二节 李贤注引《说文》与今本《说文》存在差异

除了上一节所说的李贤注所引内容与今本《说文》完全一致的情况之外，李贤注所引《说文》内容与今本《说文》

---

① （汉）许慎：《说文解字校订本》卷12，班吉庆等点校，凤凰出版社2004年版，第345页。

② （汉）许慎：《说文解字校订本》卷8，班吉庆等点校，凤凰出版社2004年版，第226页。

存在差异的情况更为常见，全书共有 110 例，其中又可以分为三大类。

一　表述方式不同，但释义保持一致

经过分析对比，我们可以看到，在李贤注引用《说文》的用例中，有一部分在表达方式上与今本《说文》不同，但是在释义方面是一致的，可能是注解家在引用的时候根据个人表达习惯对原文进行了少许改动，这种情况全书共有 35 例。如：

（1）辛丑，诏曰："惟天水、陇西、安定、北地吏人为隗嚣所诖误者，又三辅遭难赤眉，有犯法不道者，自殊死以下，皆赦除之。"（《光武帝纪第一下》）

李贤注：《说文》曰："诖亦误也。"

按：今本《说文》曰："诖，误也。"[1]

（2）京师冬无宿雪，春不燠沐，烦劳群司，积精祷求。（《显宗孝明帝纪第二》）

李贤注：《说文》云："告事求福曰祷。"

按：今本《说文》曰："祷，告事求福也。"[2]

---

[1]（汉）许慎：《说文解字校订本》卷 3，班吉庆等点校，凤凰出版社 2004 年版，第 68 页。

[2]（汉）许慎：《说文解字校订本》卷 1，班吉庆等点校，凤凰出版社 2004 年版，第 3 页。

第五章 《后汉书》李贤注引《说文解字》补正

（3）（刘）宽简略嗜酒，不好盥浴，京师以为谚。（《卓鲁魏刘列传第十五》）

李贤注：《说文》曰："澡手曰盥。"

按：今本《说文》曰："盥，澡手也。"①

（4）旧交阯土多珍产，明玑、翠羽、犀、象、瑇瑁、异香、美木之属，莫不自出。（《郭杜孔张廉王苏羊贾陆列传第二十一》）

李贤注：《说文》曰："玑，珠之不圆者。"

按：今本《说文》曰："玑，珠不圆也。"②

李贤等人在注解《后汉书》时，有时会多次引用《说文》中对于某一字的解释，但是所引用的内容存在前后不一致的情况，其中的一处引用内容与今本《说文》相同，余则不同，这恰能说明李贤等人在引用《说文》的时候按照自己的语言习惯对《说文》原文进行了调整。如：

（5）辄平遣囚徒，除王莽苛政，复汉官名。（《光武帝纪第一上》）

李贤注：《说文》曰："苛，小草也。"

（6）务举大纲，简略苛细，百僚敬之。（《宣张二王

---

① （汉）许慎：《说文解字校订本》卷5，班吉庆等点校，凤凰出版社2004年版，第140页。

② （汉）许慎：《说文解字校订本》卷1，班吉庆等点校，凤凰出版社2004年版，第10页。

· 167 ·

杜郭吴承郑赵列传第十七》)

李贤注：《说文》曰："苛，细草也。"

按：今本《说文》曰："苛，小草也。"[①] 例（5）和例（6）均引用了《说文》对于"苛"的解释，其中，例（5）所引用的内容与今本《说文》相同，而例（6）则与今本《说文》略有差异，但是对字义没有产生明显影响。

（7）其后遂诏有司，绝鈷鉆诸惨酷之科，解妖恶之禁，除文致之请谳五十馀事，定著于令。（《郭陈列传第三十六》）

李贤注：《说文》曰："鈷，铁鉗也。"

（8）自往者大狱已来，掠考多酷，鈷鉆之属，惨苦无极。（《肃宗孝章帝纪第三》）

李贤注：《说文》曰："鈷，鉗也。"

按：今本《说文》曰："鈷，铁鉗也。"[②] 例（7）、例（8）均引用了《说文》对于"鈷"的解释，其中，例（7）所引用的《说文》内容与今本《说文》相同，例（8）则是略有改动。

（9）及寝病，帝驿马令作草书尺牍十首。（《宗室四

[①] （汉）许慎：《说文解字校订本》卷1，班吉庆等点校，凤凰出版社2004年版，第23页。

[②] （汉）许慎：《说文解字校订本》卷14，班吉庆等点校，凤凰出版社2004年版，第415页。

第五章 《后汉书》李贤注引《说文解字》补正

王三侯列传第四》)

李贤注：《说文》云："牍，书版也。"

（10）本颇以经学相招，后诸为尺牍及工书鸟篆者，皆加引召，遂至数十人。(《蔡邕列传第五十下》)

李贤注：《说文》曰："牍，书板也，长一尺。"

按：今本《说文》曰："牍，书版也。"[①] 例（9）、例（10）均引用了《说文》对于"牍"的解释，其中，例（9）所引用的《说文》内容与今本《说文》相同，而例（10）则与今本《说文》略有差异。

二　释义存在差异

在李贤注引用《说文》的用例中，有 72 处与今本《说文》存在释义差异，如义位缺失、修饰限定词不同等。需要指出的是，尽管这部分李贤注引文与今本《说文》存在释义上的差异，但是二者还是存在意义关联的。造成这种现象的原因是多方面的，比如李贤等人在引用时错将其他古书中的注解当作《说文》中的注解，或在引用的时候根据自己的行文习惯对原文进行了较大改动，也有可能是李贤注或《说文》在后世流传刊刻的过程中发生了衍讹，从而导致所引用的《说文》与今本《说文》在内容上形成了明显差异。例如：

（1）诏边吏力不足战则守，追虏料敌不拘以逗留法。

[①] （汉）许慎：《说文解字校订本》卷7，班吉庆等点校，凤凰出版社 2004 年版，第 194 页。

(《光武帝纪第一下》)

　　李贤注：《说文》曰："逗，留止也。"
　　今本《说文》："逗，止也。"①

按：《文选·江文通〈谢光禄庄郊游〉》"肃舲出郊际，徙乐逗江阴"李善注引《说文》曰："逗，止也。"② 在《慧琳音义》卷八十七"逗缘"下引《说文》曰："（逗）止也。"③ 段玉裁《说文解字注》曰："逗，止也。"④ 在《故训汇纂》所收用例中，除李贤注用例外，未见其他古注中引《说文》"逗，止也"的用例。此处李贤注引文盖有衍讹。

　　（2）走昔以摩研编削之才，与国师公从事出入，校定秘书，窃自依依，未由自远。（《苏竟杨厚列传第二十上》）

　　李贤注：《说文》曰："次也。"
　　今本《说文》："编，次简也。"⑤

按：李贤注引文中缺少"简"字。《原本玉篇残卷》

---

① （汉）许慎：《说文解字校订本》卷2，班吉庆等点校，凤凰出版社2004年版，第48页。
② （梁）萧统编，（唐）李善等注：《六臣注文选》卷31，中华书局2012年版，第602页上栏。
③ 徐时仪校注：《一切经音义三种校本合刊》，上海古籍出版社2008年版，第2027页。
④ （清）段玉裁：《说文解字注》，中华书局2013年版，第73页上栏。
⑤ （汉）许慎：《说文解字校订本》卷13，班吉庆等点校，凤凰出版社2004年版，第385页。

第五章 《后汉书》李贤注引《说文解字》补正

"编"字下引《说文》"次简也"①,与今本《说文》相同。《慧琳音义》卷十一"琼编"条下亦引《说文》曰:"次简也。"② 许慎撰《说文》时多从字形出发解释字的本义,篆体"编"的字形中即有像竹简之形的部分,故而今本《说文》"编,次简也"的释义更为可信,此处李贤注盖有脱漏,现有研究成果亦多持此观点,主张"李贤注所引的'次'后应补上'简'"③。

(3) 于是庭实千品,旨酒万锺,列金罍,班玉觞,嘉珍御,大牢飨。(《班彪列传第三十下》)

李贤注:《说文》曰:"锺,器也。"

今本《说文》:"钟,酒器也。"④

按:简体字"钟"对应着两个繁体字形,分别为"鍾"和"鐘",前者本义为古代盛酒的容器,后者本义为一种古代的打击乐器,二者在当乐器讲的时候经常通用,此处原文为繁体"鍾"字,意为酒器。李贤注引《说文》"锺,器也",此处盖有脱漏。从《说文》一书的体例来看,书中对于"器"的分类是非常详细的,通常都会在释义时指出"器"的具体

---

① (梁)顾野王编撰:《原本玉篇残卷》,中华书局1985年版,第161页。
② 徐时仪校注:《一切经音义三种校本合刊》,上海古籍出版社2008年版,第686页。
③ 高明:《〈后汉书〉李贤注引〈说文〉考》,《南京师范大学文学院学报》2009年第4期。
④ (汉)许慎:《说文解字校订本》卷14,班吉庆等点校,凤凰出版社2004年版,第412页。

用途，如"爵，礼器也"①"盂，饭器也"②"铫，温器也"③"豆，古食肉器也"④，据此我们推断，《说文》"鍾"字的释义当中应指出了其具体用途，很可能是李贤等人在引用时将"酒"字遗漏了。有学者依据李善《文选注》引用《说文》的内容，得出了相同的结论，"《文选·班固〈东都赋〉》'旨酒万钟'，李注引《说文》曰：'钟，酒器也。'可证"⑤。

(4) 黄宪言论风旨，无所传闻，然士君子见之者，靡不服深远，去玼吝。(《周黄徐姜申屠列传第四十三》)

李贤注：玼音此。《说文》曰："鲜色也。"

今本《说文》曰："玼，玉色鲜也。"⑥

按：李贤注所引《说文》与今本《说文》均有颜色鲜明之义，但是李贤注所引《说文》中没有提及"玉"。段玉裁《说文解字注》曰："各本无新。《诗音义》两引，皆作新色鲜也，今补。"⑦由段注可知，段玉裁所见《说文》各版本与今

---

① （汉）许慎：《说文解字校订本》卷5，班吉庆等点校，凤凰出版社2004年版，第143页。
② （汉）许慎：《说文解字校订本》卷5，班吉庆等点校，凤凰出版社2004年版，第139页。
③ （汉）许慎：《说文解字校订本》卷14，班吉庆等点校，凤凰出版社2004年版，第413页。
④ （汉）许慎：《说文解字校订本》卷5，班吉庆等点校，凤凰出版社2004年版，第137页。
⑤ 尉侯凯：《后汉书注引经考》，硕士学位论文，华中师范大学，2013年，第24页。
⑥ （汉）许慎：《说文解字校订本》卷1，班吉庆等点校，凤凰出版社2004年版，第7页。
⑦ （清）段玉裁：《说文解字注》，中华书局2013年版，第15页上栏。

第五章 《后汉书》李贤注引《说文解字》补正

本《说文》所载相同,皆作"玉色鲜也",但段玉裁参阅其他引文后,认为此处应增补"新"字。我们认为,段氏增补"新"字的主张尚缺乏有力书证,正确与否暂且不论,仅就李贤注引《说文》与今本《说文》的内容差异而言,今本《说文》所载更符合许慎由字形出发来分析字之本义的写作初衷,且《说文·玉部》所收字的释义中均提及了与玉石相关的内容,"玼"字亦应如此。

(5) 故伊挚有负鼎之衔,仲尼设执鞭之言,甯子有清商之歌,百里有豢牛之事。(《蔡邕列传第五十下》)

李贤注:《说文》曰:"豢,养也。"

今本《说文》:"豢,以谷圈养豕也。"①

按:此例中李贤注所引与今本《说文》所载的区别是非常明显的,李贤注所引内容仅有"养"这一个义位,而今本《说文》则保留了更多义位。古注当中不乏"豢,养也"的用例,如《左传·昭公二十九年》"故国有豢龙氏,有御龙氏"杜预注曰:"豢、御,养也。"②《史记·夏本纪》"未得豢龙氏"裴骃集解引贾逵曰:"豢,养也。谷食曰豢。"③ 根据我们目前所收集到的古注资料,尚没有发现除李贤注外引用《说文》"豢,养也"的用例。《慧琳音义》卷八十五"刍豢"条

---

① (汉)许慎:《说文解字校订本》卷9,班吉庆等点校,凤凰出版社2004年版,第271页。
② 李学勤主编:《十三经注疏·春秋左传正义》卷53,北京大学出版社1999年版,第1503页。
③ (汉)司马迁:《史记》卷2,中华书局1959年版,第86—87页。

· 173 ·

下则引《说文》"以圂以谷养豕也"①，与今本《说文》所载更加接近。就该例中的《后汉书》原文而言，"豢牛"中的"豢"的确应训为"养也"，李贤注是正确的，但其是否出自《说文》尚缺乏有力证据。考虑到许慎撰《说文》时多从字形出发解释字的本义，我们推测"豢"的释义中出现"养豕"相关内容的可能性较大，李贤注所引内容可能误将他书冠以《说文》之名，或在引用《说文》时进行了较大改动。

(6) 比弟左贤王莫立，帝遣使者赍玺书镇慰，拜授玺绶，遗冠帻，绛单衣三袭，童子佩刀、绲带各一，又赐缯彩四千匹，令赏赐诸王、骨都侯已下。(《南匈奴列传第七十九》)

李贤注：《说文》曰："绲，织成带也。"

今本《说文》："绲，织带也。"②

按：李贤注引文中多了一个"成"字。《原本玉篇残卷》引《说文》曰："绲，织成带也。"③《文选·曹子建〈七启〉》"绲佩绸缪"李善注引《说文》曰："绲，织成带也。"④ "织成"是古代一种名贵的织物，汉朝时深受王宫贵族的欢迎，《后汉书·舆服志》中也有相关记载。例文记载的是东汉皇帝

---

① 徐时仪校注：《一切经音义三种校本合刊》，上海古籍出版社2008年版，第1998页。

② （汉）许慎：《说文解字校订本》卷13，班吉庆等点校，凤凰出版社2004年版，第383页。

③ （梁）顾野王编撰：《原本玉篇残卷》，中华书局1985年版，第149页。

④ （梁）萧统编，（唐）李善等注：《六臣注文选》卷34，中华书局2012年版，第645页下栏。

第五章 《后汉书》李贤注引《说文解字》补正

赏赐给南单于的物品,其中的织物必然不是普通织物,故李贤注的引文更为合理。段玉裁《说文解字注》曰:"织成带也。各本无成字。依《文选·七启》注、《后汉·南匈奴传》注补。《玉篇》带误章。凡不待剪裁者曰织成。绲带见《后汉书》。盖非三代时物也。"① 段玉裁当时所见《说文》诸本中均无"成"字,其依据李贤注、李善注引《说文》的内容对《说文》进行了校正,认为应当补入"成"字。但是段氏"《玉篇》带误章"的判断并不准确,"段氏谓'《玉篇》"带"误"章'是因为不能看到《原本玉篇》,而利用了清代通行的《宋本玉篇》"②,其实原本《玉篇》中的记载是无误的。

三 释义存在省略

除了上述存在释义差异的情况之外,李贤注中还有一些引用《说文》的用例与今本《说文》相比,可能存在不同程度的省略,这种情况全书共有3例。如:

(1)遂围之数十重,列营百数,云车十馀丈,瞰临城中,旗帜蔽野,埃尘连天,钲鼓之声闻数百里。(《光武帝纪第一上》)

李贤注:《说文》曰:"钲,铙也,似铃。"

今本《说文》:"钲,铙也。似铃,柄中,上下通。"③

---

① (清)段玉裁:《说文解字注》,中华书局2013年版,第659页下栏。
② 高明:《〈后汉书〉李贤注引〈说文〉考》,《南京师范大学文学院学报》2009年第4期。
③ (汉)许慎:《说文解字校订本》卷14,班吉庆等点校,凤凰出版社2004年版,第416页。

· 175 ·

按：李贤注所引《说文》内容与今本《说文》相比，并没有出现"柄中，上下通"一语。在我们目前所收集到的古注资料中，除李贤注外，尚没有发现引用《说文》"钲，铙也，似铃"的相关例证，但其他古注中有与今本《说文》所载相同的释义。如《汉书·平帝纪》"遣执金吾候陈茂假以钲鼓"颜师古注引应劭曰："钲者，铙也，似铃，柄中上下通。"① 应劭的注释是否引用了《说文》，我们难以确切考证，但是可以看到，关于"钲"的"柄中，上下通"的特征描述在东汉时期就已经存在。该例的《后汉书》原文中"钲"与"鼓"并列出现，并无其他金属乐器需要与"钲"区别开来，李贤等人在引用《说文》时仅做部分引用，点明"钲"与"铃"相似这一显著外貌特征，省略更为细节的"柄中，上下通"也是有可能的。

(2) 昔人之隐，遭时则放声灭跡，巢栖茹薇。(《周黄徐姜申屠列传第四十三》)

李贤注：《说文》："薇，似藿也。"

今本《说文》："薇，菜也，似藿。"②

按：李贤注引《说文》中缺少了"菜"这一义位。《说文》释字时，对同属于一大类的事物，往往先冠以类名，后面再做具体解释，例如"艸"部的"芙""葵"等字下亦有

---

① （汉）班固撰，（唐）颜师古注：《汉书》卷12，中华书局1962年版，第354页。

② （汉）许慎：《说文解字校订本》卷1，班吉庆等点校，凤凰出版社2004年版，第13页。

"菜也"。据此推断,《说文》"薇"字下亦当有"菜也",李贤等人可能将其省略了。

(3) 虽渐离击筑,傍若无人,高凤读书,不知暴雨,方之于吾,未足况也。(《吴延史卢赵列传第五十四》)

李贤注:《说文》曰:"筑,五弦之乐也。"

今本《说文》:"筑,以竹击之成曲,五弦之乐也。"①

按:李贤注引《说文》与今本《说文》相比,缺少"以竹击之成曲"。目前所见到的其他古注引用《说文》的用例中,"五弦之乐"前面是存在其他释义内容的,但具体内容不尽一致。如《文选·左太冲〈吴都赋〉》"盖象琴筑并奏"李善注引《说文》曰:"筑,似筝,五弦之乐也。"②《慧琳音义》卷六十二"丝筑"条下引《说文》曰:"以作击之成曲五弦之乐。"③《广韵·屋韵》"筑"条下引《说文》曰:"以竹为五弦之乐也。"④段玉裁在《说文解字注》中也对"筑"的释义进行了分析,认为"以竹曲不可通,《广韵》作以竹为,亦缪。惟《吴都赋》李注作似筝,五弦之乐也,近是"⑤。由此可以推测,《说文》"筑"字条"五弦之

---

① (汉)许慎:《说文解字校订本》卷5,班吉庆等点校,凤凰出版社2004年版,第132页。
② (梁)萧统编,(唐)李善等注:《六臣注文选》卷5,中华书局2012年版,第105页上栏。
③ 徐时仪校注:《一切经音义三种校本合刊》,上海古籍出版社2008年版,第1618页。
④ (宋)陈彭年等编:《宋本广韵·永禄本韵镜》,江苏教育出版社2005年版,第134页上栏。
⑤ (清)段玉裁:《说文解字注》,中华书局2013年版,第200页上栏。

乐"前面还有其他释义内容，只是李贤等人在引用的时候将其省略了。

第三节　李贤注引《说文》与今本《说文》内容完全不同

根据我们的分析整理，李贤注中引用的《说文》内容共有 21 例与今本《说文》完全不同。例如：

(1) 万年之后，埽地而祭，杅水脯糒而已。(《显宗孝明帝纪第二》)

李贤注：《说文》曰："糒，乾飰①也。"

今本《说文》："糒，干也。"②

按：今本《说文》训"糒"为"干也"，文义难通。《文选·陆士衡〈吊魏武帝文〉》"朝晡上脯糒之属"李善注引《说文》曰："糒，干饭也。"③《玉篇·米部》亦曰："糒，蒲秘切，干饭。"④ 将"糒"释为"干饭"，文从字顺。段玉裁《说文解字注》亦曰："糒，干饭也。饭字各本夺，今依李贤《明帝纪》注、《隗嚣传》注、李善《文选注》、《玄应书》

---

① "乾飰"简体字作"干饭"。
② （汉）许慎：《说文解字校订本》卷 7，班吉庆等点校，凤凰出版社 2004 年版，第 200 页。
③ （梁）萧统编，（唐）李善等注：《六臣注文选》卷 60，中华书局 2012 年版，第 1119 页下栏。
④ （梁）顾野王：《大广益会玉篇》卷 15，中华书局 1987 年版，第 75 页下栏。

补。……《释名》曰：'干饭，饭而暴干之也。'《周礼·廪人》注曰：'行道曰粮，谓糒也。止居曰食，谓米也。'"① 由此可以推断，今本《说文》"糒"条下有脱漏。

(2) 当其接床笫，承恩色，虽险情赘行，莫不德焉。(《皇后纪第十上》)

李贤注：《说文》曰："赘，疣也。"

今本《说文》："赘，以物质钱。"②

按：李贤注所引《说文》对"赘"的解释，与今本《说文》的解释完全不同，二者之间没有联系。段玉裁《说文解字注》曰："赘，以物质钱，若今人之抵押也。"③ 对于"赘，疣也"的原因，段玉裁认为，"赘"是"缀"的假借。而《广雅·释言》曰："赘，肬也。"④ "肬"是"疣"的异体字。李贤注当中有40余处内容引用了《广雅》的注解，此处也有可能是李贤等人在引用时误把《广雅》中的词条冠以《说文》之名。有学者依据朱骏声《说文通训定声》"赘"字条下所引小徐本"一曰肬也"推断，《说文》"赘"字原本是有"肬也"这一义项的，"从李贤注来看，小徐本的'一曰肬也'也应该是许慎原文。《说文》另有'肬，赘也'，则'赘，肬也'正相转注。此外对照《释名·释疾病》'赘，属也，横生

---

① （清）段玉裁：《说文解字注》，中华书局2013年版，第335页下栏。
② （汉）许慎：《说文解字校订本》卷6，班吉庆等点校，凤凰出版社2004年版，第177页。
③ （清）段玉裁：《说文解字注》，中华书局2013年版，第284页上栏。
④ （清）王念孙：《广雅疏证》（点校本）卷5，张其昀点校，中华书局2019年版，第418页。

一肉属著体也'的话，小徐本也属可信"①，此说亦有合理之处。

(3) 其后匈奴惩乂，稀复侵寇，而保塞羌胡皆震服亲附，安定、北地、上郡流人避凶饥者，归之不绝。(《窦融列传第十三》)

李贤注：《说文》云乂亦惩也。

今本《说文》曰："乂，芟草也。"②

按：李贤注所引《说文》内容与今本《说文》不同。"乂"的篆体字形为撇捺相交，如同一把剪刀，本义为割草、收割农作物，也作"刈"；后由"收割"之义又引申出"整理""治理""安定"等义。如《汉书·武五子传》曰："保国乂民，可不敬与！"③ 从我们目前收集到的资料来看，尚没有看到将"乂"训为"惩"的用例，然今本《说文》曰："惩也。"④ "惩"与"乂"音同，二字可通假。段玉裁《说文解字注》"惩"字条下曰："惩也。古多用乂、艾为之，而惩废矣。"⑤ 由此可以推测，在李贤等人所处的时代，"乂"字很可能已经替代了"惩"字的功能，故而李贤等人认为"乂

---

① 杨柳：《〈后汉书〉李贤注文字训诂研究》，硕士学位论文，复旦大学，2008年，第42页。
② （汉）许慎：《说文解字校订本》卷12，班吉庆等点校，凤凰出版社2004年版，第370页。
③ （汉）班固撰，（唐）颜师古注：《汉书》卷63，中华书局1962年版，第2749页。
④ （汉）许慎：《说文解字校订本》卷10，班吉庆等点校，凤凰出版社2004年版，第309页。
⑤ （清）段玉裁：《说文解字注》，中华书局2013年版，第520页上栏。

亦惩"，但是将"乂亦惩"冠以《说文》之名是不准确的。

（4）（梁冀）为人鸢肩豺目，洞精䁩眄，口吟舌言，裁能书计。（《梁统列传第二十四》）

李贤注：洞，通也。䁩音它荡反。《说文》："目精直视。"

今本《说文》："䁩，目无精直视也。"①

按：此处李贤注所引《说文》内容与今本《说文》不相同，在目前所收集到的古注资料中，亦不见引《说文》"䁩"为"目精直视"的用例，李贤注的引用极可能有误。对此，段玉裁在《说文解字注》中也有详细论述，段注曰："䁩，目无精直视也。《后汉·梁冀传》：'洞精䁩眄。'注引《说文》'目睛直视。'按，章怀因既曰'洞精'，遂改易《说文》为'目睛直视'，非也。洞精者，谓其目精洞达。䁩眄者，谓其流眄䁩睰。此固不妨并行。"② 所谓"洞精"即"通视"，指眼睛的一种生理缺陷。而"䁩眄"指眼睛无神，茫然直视。段玉裁认为，原文前句先曰"洞，通也"，李贤等人盖因附会"洞精"之义而强改《说文》为"目精直视"。但这仅是段玉裁的推断，不能排除李贤等人在引用时遗漏了"无"字，或者在后世流传刊刻中出现脱漏的可能。

（5）昭阳特盛，隆乎孝成，屋不呈材，墙不露形，

---

① （汉）许慎：《说文解字校订本》卷4，班吉庆等点校，凤凰出版社2004年版，第93页。
② （清）段玉裁：《说文解字注》，中华书局2013年版，第132页下栏。

裛以藻绣，络以纶连，随侯明月，错落其间，金钉衔璧，是为列钱，翡翠火齐，流燿含英，悬黎垂棘，夜光在焉。（《班彪列传第三十上》）

李贤注：《说文》曰："裛，缠也。"

今本《说文》曰："裛，书囊也。"①

按：李贤注所引《说文》内容与今本《说文》不同。古注中亦有引《说文》"裛，缠也"的用例，如《文选·班孟坚〈西都赋〉》"裛以藻绣"李善注引《说文》曰："裛，缠也。"② 段玉裁《说文解字注》曰："裛，缠也。各本作书囊也。今依《西都赋》《琴赋》注、《后汉书·班固传》注所引正。巾部曰：'帙，书衣也。'帙亦作裛。《广雅》：'裛谓之袠'，今本殆据《广雅》改耳。若依今本，则当云帙也。"③ 在段玉裁当时所见的《说文》版本中，均释"裛"为"书囊"，对此，段玉裁并不赞同，认为是前人根据《广雅》对《说文》进行了改动，应采用李贤注所引《说文》"裛，缠也"的解释。我们认为，段氏的分析有一定道理，且从《后汉书》原文来看，"裛"为动词，训为"书囊"则文义不通，训为"缠也"则文从字顺。

（6）皤皤国老，乃父乃兄；抑抑威仪，孝友光明。

---

① （汉）许慎：《说文解字校订本》卷8，班吉庆等点校，凤凰出版社2004年版，第237页。

② （梁）萧统编，（唐）李善等注：《六臣注文选》卷1，中华书局2012年版，第29页上栏。

③ （清）段玉裁：《说文解字注》，中华书局2013年版，第400页下栏。

第五章 《后汉书》李贤注引《说文解字》补正

(《班彪列传第三十下》)

  李贤注：《说文》曰："皤皤，老人貌也。"
  今本《说文》曰："皤，老人白也。"①

按：李贤注所引《说文》内容与今本《说文》不同。除李贤注外，古注中亦不乏引《说文》"皤，老人貌"的用例，如陆德明《经典释文》"皤"字下注曰："《说文》云老人貌。"②李善《文选·班孟坚〈辟雍诗〉》"皤皤国老"条下注引《说文》曰："皤，老人貌也。"③而段玉裁《说文解字注》则曰："皤，老人白也。《易》释文、《文选·两都赋》注皆作'老人貌'，非是。老人之色白与少壮之白皙不同，故以次于皙。《两都赋》曰：'皤皤国老。'《周易·贲》：'六四，贲如皤如。'引申为凡白素之称也。"④段玉裁对引《说文》"皤"为"老人貌"的古注进行了批驳，认为《说文》原文应为"老人白"。我们认为，段玉裁的说法并无确证。通常来说，老年人与年轻人在外貌方面最明显的区别并不是肤色，而是发色和身形。段玉裁在解释"皤"的重文时，也说"然则白发亦称皤"⑤。综上所述，今本《说文》的"老人白"很难讲通，如果坚持要释为"白"，恐怕也应是"老人白首"。我们认为，"皃"与"貌"是一对古今字，"老人貌"在《说文》

---

① （汉）许慎：《说文解字校订本》卷7，班吉庆等点校，凤凰出版社2004年版，第220页。
② （唐）陆德明：《经典释文》卷2，上海古籍出版社2013年版，第90页。
③ （梁）萧统编，（唐）李善等注：《六臣注文选》卷1，中华书局2012年版，第42页下栏。
④ （清）段玉裁：《说文解字注》，中华书局2013年版，第367页上栏。
⑤ （清）段玉裁：《说文解字注》，中华书局2013年版，第367页上栏。

· 183 ·

中原写作"老人皃",今本《说文》中的"老人白"很有可能是"老人皃"的讹误。现有研究成果中也有学者提出了相同的观点,主张"白"应写作"皃","盖'皃''白'字形相近,因而致误"①。

(7) 若然受之,宜亦勤恁旅力,以充厥道,启恭馆之金縢,御东序之秘宝,以流其占。(《班彪列传第三十下》)

李贤注:《说文》曰:"恁,念也。"

今本《说文》:"恁,下赍也。"②

按:李贤注所引《说文》对"恁"的解释,与今本《说文》的解释完全不同。今本《说文》释"恁"为"下赍",文义不通,在目前所收集到的古注资料中,亦未见引《说文》"恁,下赍也"的用例。段玉裁《说文解字注》曰:"恁,下赍也。未闻。按,《后汉书》班固典引曰'亦宜勤恁旅力',李贤注引《说文》'恁,念也',当用以订正。"③《玉篇》"恁"字条下曰"念也"。④《广韵·寝韵》:"恁,念也。"⑤据此推断,李贤等人所引《说文》"恁,念也",于理可通。今本《说文》释"恁"为"下赍也",盖流传之误。

---

① 尉侯凯:《〈后汉书〉注考校》,载杜泽逊主编《国学季刊》第四期,山东人民出版社 2016 年版,第 83 页。
② (汉) 许慎:《说文解字校订本》卷 10,班吉庆等点校,凤凰出版社 2004 年版,第 303 页。
③ (清) 段玉裁:《说文解字注》,中华书局 2013 年版,第 513 页上栏。
④ (梁) 顾野王:《大广益会玉篇》卷 8,中华书局 1987 年版,第 41 页上栏。
⑤ (宋) 陈彭年等编:《宋本广韵·永禄本韵镜》,江苏教育出版社 2005 年版,第 94 页下栏。

（8）断狱者急于箠格酷烈之痛，执宪者烦于诋欺放滥之文，或因公行私，逞纵威福。(《郭陈列传第三十六》)

李贤注：《说文》曰："格，击也。"

今本《说文》曰："格，木长貌。"①

按：李贤注所引《说文》内容与今本《说文》不同。古注中有"格，击也"的用例，如《文选·司马长卿〈子虚赋〉》"手格此兽"吕向注曰："格，击也。"② 古注中亦有与李贤注所引《说文》内容相同的用例，如《慧琳音义》卷四十六"捍格"条下注引《说文》曰："击也。"③ 同时我们也发现，《玄应音义》第二十四卷写作"捍挌"，其下注引《说文》曰："挌，击也。"④ 可见，"格"与"挌"在某些古注中是存在通用情况的，今本《说文》亦收"挌"字，其曰："挌，击也。"⑤ 古代注解家们也注意到了这一问题，如宋代学者王观国《学林》卷五"格"字条下曰："史书言格杀、格斗者，当从用手之挌，而亦或用从木之格，如《汉书·子虚赋》用从木之格。盖古人于从木、从手之字，多通用之，如櫢枪、

---

① （汉）许慎：《说文解字校订本》卷6，班吉庆等点校，凤凰出版社2004年版，第161页。
② （梁）萧统编，（唐）李善等注：《六臣注文选》卷7，中华书局2012年版，第153页上栏。
③ 徐时仪校注：《一切经音义三种校本合刊》，上海古籍出版社2008年版，第1310页。
④ 徐时仪校注：《一切经音义三种校本合刊》，上海古籍出版社2008年版，第195页。
⑤ （汉）许慎：《说文解字校订本》卷12，班吉庆等点校，凤凰出版社2004年版，第358页。

攫抢之类是也。"① 段玉裁《说文解字注》曰："挌，击也。凡今用格斗字当作此。《后汉·陈宠传》'断狱者急于箠挌酷烈之痛'注引此《说文》。"② 刘心源《奇觚室吉金文述》卷八曰："各伐，翁祖庚读略伐，今从吴子苾读各为格。……本作挌，今皆用格矣。"③ 经过分析我们可以推断，"挌"与"格"应当是一对古今字，《后汉书》原文"箠格酷烈"之"格"实际应为"挌"，李贤等人在注释时并没有指明"格"与"挌"之间的关系，引用《说文》训"格"为"击也"，是不准确的。

(9) 昔颜涿聚梁甫之巨盗，段干木晋国之大驵，卒为齐之忠臣，魏之名贤。(《郭符许列传第五十八》)

李贤注：《说文》曰："驵，会也。谓合两家之卖买，如今之度市也。"

今本《说文》曰："驵，牡马也。从马，且声。一曰：马蹲驵也。"④

按：此处李贤注所引《说文》内容与今本《说文》记载完全不同。现存古注中有不少引用《说文》"驵"字条的用例，如《晏子春秋·外篇》"公乘侈舆服繁驵驱之"孙星衍音

---

① （宋）王观国：《学林》卷5，田瑞娟点校，中华书局1988年版，第163页。
② （清）段玉裁：《说文解字注》，中华书局2013年版，第616页上、下栏。
③ （清）刘心源：《奇觚室吉金文述》，朝华出版社2018年版，第580页。
④ （汉）许慎：《说文解字校订本》卷10，班吉庆等点校，凤凰出版社2004年版，第277—278页。

第五章 《后汉书》李贤注引《说文解字》补正

义引《说文》曰:"駔,壮马也。一曰马蹲駔也。"①《文选·左太冲〈魏都赋〉》"冀马填厩而駔骏"李善注引《说文》曰:"駔,壮马也。"② 在上述用例中,"駔"皆被训为"壮马",与李贤注及今本《说文》皆不相同。对此,段玉裁在《说文解字注》中推断:"駔,壮马也。壮各本作牡,今正。"③段玉裁认为,"牡"与"壮"字形相近,"牡"乃"壮"之误,故"駔"应释为"壮马"。

关于李贤注中所引的"駔,会也。谓合两家之卖买,如今之度市也",段玉裁曰:"旧作'马蹲駔',今依《后汉·郭太传》注所引正。注引《说文》:'駔,会也。谓合两家之买卖如今之度市也。'下十三字盖系旧注。"④段玉裁认为,李贤注引文中保留的"駔,会也",是《说文》旧本中"駔"字另外一说的原貌,而"谓合两家之卖买,如今之度市也"则是古注内容。也就是说,段玉裁主张《说文》"駔"字注释的原貌当是"駔,壮马也。一曰,駔,会也"。古注中常有"駔"训为"会"的用例,如《史记·货殖列传》"子贷金钱千贯,节駔会"裴骃案:"《汉书音义》曰:'会亦是侩也。节,节物贵贱也。谓估侩其余利比千乘之家。'"⑤《淮南子·氾论训》:"段干木,晋之大駔也,而为文侯师。"高诱注曰:

---

① (清)孙星衍、(清)黄以周校:《晏子春秋》,上海古籍出版社1989年版,第110页。
② (梁)萧统编,(唐)李善等注:《六臣注文选》卷6,中华书局2012年版,第129页下栏、第130页上栏。
③ (清)段玉裁:《说文解字注》,中华书局2013年版,第472页下栏。
④ (清)段玉裁:《说文解字注》,中华书局2013年版,第472页下栏。
⑤ (汉)司马迁:《史记》卷129,中华书局1959年版,第3274、3277页。

"驵，骄佷。一曰'驵，市侩也'。"① 我们认为，段玉裁改"一曰：马蹲驵"为"一曰：驵，会也"的主张可通。而《玉篇》"驵"字条下曰"会两家之买卖，如今之度市也"②，与李贤注所引《说文》相合，但此句引文是否出自《玉篇》或者其他古注，目前尚缺乏有力的证据。

（10）（祢）衡乃著布单衣、疏巾，手持三尺梲杖，坐大营门，以杖捶地大骂。(《文苑列传第七十下》)

李贤注：《说文》曰："梲，大杖也。"

今本《说文》："梲，木杖也。"③

按：此处李贤注所引《说文》内容与今本《说文》不相同，然二者于文义皆可通。段玉裁《说文解字注》曰："梲，木杖也。木一本作大。"④ 由此可知，段玉裁为《说文》作注时也见到了释"梲"为"大杖"的《说文》版本，而李贤等人所见到的《说文》版本应当早于段氏所见，"唐写本《说文》残卷作：'梲，大杖也。'段氏不可能看到唐写本《说文》残卷，但《后汉书》注应该注意到"⑤，盖《说文》原本中释"梲"为"大杖也"，后世流传中讹变作"木杖"。

---

① （汉）高诱注：《淮南子注》卷13，上海书店1986年版，第225—226页。
② （梁）顾野王：《大广益会玉篇》卷23，中华书局1987年版，第108页上栏。
③ （汉）许慎：《说文解字校订本》卷6，班吉庆等点校，凤凰出版社2004年版，第167页。
④ （清）段玉裁：《说文解字注》，中华书局2013年版，第266页上栏。
⑤ 高明：《〈后汉书〉李贤注引〈说文〉考》，《南京师范大学文学院学报》2009年第4期。

第五章 《后汉书》李贤注引《说文解字》补正

第四节 李贤注引《说文》内容不见于今本《说文》

根据我们的分析整理，李贤注当中有一部分引自《说文》的内容在今本《说文》当中并没有出现，全书共有12处①。例如：

（1）万年之后，埽地而祭，杅水脯糒而已。（《显宗孝明帝纪第二》）

李贤注：《说文》曰："杅，饮器。"

按：今本《说文》未收"杅"字。段玉裁《说文解字注》曰："盂，饮器也。'饮'，大徐及《篇》《韵》《急就篇》注作'饭'，误。小徐及《后汉书》注、《御览》皆作'饮'，不误。《木部》：'樗，木也，可屈为杅者。''杅'即'盂'之假借字。"②朱骏声《说文通训定声》"杅"字条下曰："假借为盂。"③

---

① 高明在《〈后汉书〉李贤注引〈说文〉考》一文中总结了13个今本《说文》未收之字，但我们在研究中发现，其中的"鸛"字实际收于今本《说文·鸟部》[详见（汉）许慎《说文解字校订本》卷4，班吉庆等点校，凤凰出版社2004年版，第108页]，故而我们总结今本《说文》未收之字仅有12个。此外，高明在文章中对今本《说文》未收之字仅进行了简单分析，我们在本节中再进一步补充说明，以求更加全面。

② （清）段玉裁：《说文解字注》，中华书局2013年版，第213页下栏。

③ （清）朱骏声：《说文通训定声》（附音序、笔画、四角号码检字），中华书局2016年版，第428页上栏。

今本《说文》曰:"盂,饭器也。"① 据此可以推知,"杅"是"盂"的假借字。也有学者依据李贤在《后汉书·崔骃传》和《后汉书·吕强传》中对"杅"的注释,指出李贤将"杅"看作"盂"的异体字,"'盂'和'杅'完全通用"②。我们认为,目前尚缺乏足够的证据可以证明"杅"和"盂"的音义完全一致,现有资料更倾向于"杅"是"盂"的假借字,二者是否为异体字关系有待进一步研究。无论情况如何,李贤注在引用《说文》时,将"盂"写作"杅",所保留的词义是正确的。今本《说文》"盂"字下的解释盖误,当为"盂,饮器也"。

(2) 但䎡马钨刀,不可强扶。(《隗嚣公孙述列传第三》)

李贤注:《说文》:"钨,青金也。"似锡而色青。

按:今本《说文》未收"钨"字。今本《说文》曰:"铅,青金也。"③ "钨"和"铅"是一对异体字。《广韵·仙韵》载"钨"同"铅"。④《玉篇》"铅"字条下曰:"亦作钨。"⑤

---

① (汉)许慎:《说文解字校订本》卷5,班吉庆等点校,凤凰出版社2004年版,第139页。
② 杨柳:《〈后汉书〉李贤注所反映的古代文字》,载复旦大学汉语言文字学科《语言研究集刊》编委会编《语言研究集刊》第六辑,上海辞书出版社2009年版,第280页。
③ (汉)许慎:《说文解字校订本》卷14,班吉庆等点校,凤凰出版社2004年版,第411页。
④ (宋)陈彭年等编:《宋本广韵·永禄本韵镜》,江苏教育出版社2005年版,第39页上栏。
⑤ (梁)顾野王:《大广益会玉篇》卷18,中华书局1987年版,第84页下栏。

第五章 《后汉书》李贤注引《说文解字》补正

（3）汝曹知吾恶之甚矣，所以复言者，施衿结褵，申父母之戒，欲使汝曹不忘之耳。（《马援列传第十四》）

李贤注：《说文》曰："衿，交衽也。"

按：今本《说文》未收"衿"字。今本《说文》曰："裣，交衽也。"① 段玉裁《说文解字注》曰："'裣'之字一变为'衿'，再变为'襟'，字一耳。而《尔雅》之'襟'，《毛传》《方言》之'衿'，皆非许所谓'裣'也。《尔雅》、《诗》传、《方言》皆自领言之……'裣'者，交领之正字，其字从合，《左传》作'襘'，从会，与从合一也。交领宜作'裣'，而《毛诗》《尔雅》《方言》作'衿'，殆以'衿''裣'为古今字与。若许云：'裣，交衽也。'此则谓掩裳际之衽，当前幅后幅相交之处，故曰交衽。'裣'本'衽'之称，因以为正幅之称，正幅统于领，因以为领之称，此其推移之渐，许必原其本义为言。凡金声、今声之字皆有禁制之义，禁制于领与禁制前后之不相属，不妨同用一字。"② 段玉裁认为，"裣""衿""襟"三字存在着历史演变关系，即先有"裣"字，后又出现了"衿"和"襟"。但段玉裁主张，《说文》之"裣"指的是衣服前幅后幅相交，而《尔雅》"衣眥谓之襟"、《毛传》"青衿"以及《方言》"衿谓之交"中的"衿"和"襟"则指的是衣领相交，其正字应为"衿"而非"裣"。因衣服"正幅统于领"之故，"裣"在后世使用过程中逐渐可以

---

① （汉）许慎：《说文解字校订本》卷8，班吉庆等点校，凤凰出版社2004年版，第234页。

② （清）段玉裁：《说文解字注》，中华书局2013年版，第394页下栏。

· 191 ·

指"交领"。我们认为，段玉裁对于"袷""衿""襟"存在演变关系的判断是正确的。宋代就有学者指出"青青子衿"在汉石经中作"青青子袷"，"袷"是"衿"的正字。明清时期的学者们也基本认同这一说法，"衿"和"襟"在后世则经常通用。李贤等人所见《说文》版本很可能是在传抄过程中用后起之"衿"替代了"袷"。对于段玉裁所说"交衽"之"衽"是指"谓掩裳际之衽，当前幅后幅相交之处"，我们认为还存在疑问。根据史料记载以及现代考古发现，上古时期的上衣多为斜襟交领，穿上之后需要将衣襟向右掩，即"右衽"，或者向左掩，即"左衽"，故而我们认为将"衽"释为衣服的前襟更为合理。古时衣领与衣襟相连，衣襟相交自然衣领也会相交，因而古注中常有"衿，交领"之训也是可以理解的。

(4) 挟师豹，拖熊螭，顿犀犛，曳豪罴，超迥壑，越峻崖，蹑巉岩，钜石隤，松栢仆，丛林摧，草木无馀，禽兽殄夷。(《班彪列传第三十上》)

李贤注：《说文》曰："拖，曳也。"

按：今本《说文》未收"拖"字。今本《说文》曰："拕，曳也。"①"拖"是"拕"的俗体。《广韵·歌韵》"拕"字条下曰："俗作拖。"②《集韵·哿韵》"拕"字条下曰："或

---

① （汉）许慎：《说文解字校订本》卷12，班吉庆等点校，凤凰出版社2004年版，第358页。
② （宋）陈彭年等编：《宋本广韵·永禄本韵镜》，江苏教育出版社2005年版，第45页下栏。

· 192 ·

作拖、扡、佗。"① 清代注解家也多主张"拖"是"扡"的俗体。如《论语·乡党》："疾，君视之，东首，加朝服，拖绅。"刘宝楠正义曰："'拖'、'扡'一字，本字作'扡'，故《汉书·龚胜传》作'扡绅'。"② 《墨子·非攻》"扡其衣裘"孙诒让《墨子间诂》曰："《说文·手部》云：'扡，曳也。'《淮南子·人间训》云'秦牛缺径于山中而遇盗，拖其衣被'，许注云：'拖，夺也。''拖'即'扡'之俗。"③

（5）谚曰："关西出将，关东出相。"（《虞傅盖臧列传第四十八》）

李贤注：《说文》曰："谚，传言也。"

按：今本《说文》未收"谚"字。今本《说文》曰："谚，传言也。"④ 古代注解家多将"谚"看作"谚"的异体字。如《说文通训定声》"谚"字条下曰："字亦作谚。"⑤《论语·先进》"由也谚"刘宝楠正义引阮氏校勘记曰："谚乃谚之俗字。"⑥ "《广韵》以'谚'为'唁'之异体。'谚'、

---

① （宋）丁度等编：《集韵》（附索引），上海古籍出版社1985年版，第404页。
② （清）刘宝楠：《论语正义》卷13，高流水点校，中华书局1990年版，第426—427页。
③ （清）孙诒让：《墨子间诂》卷5，孙启治点校，中华书局2017年版，第127页。
④ （汉）许慎：《说文解字校订本》卷3，班吉庆等点校，凤凰出版社2004年版，第67页。
⑤ （清）朱骏声：《说文通训定声》（附音序、笔画、四角号码检字），中华书局2016年版，第722页下栏。
⑥ （清）刘宝楠：《论语正义》卷14，高流水点校，中华书局1990年版，第457页。

'嗦'，《广韵》同属'线韵'，二字可通假。"①

（6）登蓬莱而容与兮，鳌虽抃而不倾。（《张衡列传第四十九》）

李贤注：《说文》："抃，搙手也。"

按：今本《说文》未收"抃"字。今本《说文》曰："拚，拊手也。"②"抃"与"拚"是一对异体字，"其本字作'拚'，俗作'抃'也"③。《玄应音义》卷十"抃舞"条下注引《说文》曰："拊手曰抃。"④ 而《玄应音义》卷十二则作"拚舞"，注曰："又作抃。"⑤ 段玉裁《说文解字注》曰："（拚）俗作抃。"⑥ 本例李贤注引《说文》盖以俗体"抃"替代"拚"。

（7）后先零诸种陆梁，覆没营坞。（《皇甫张段列传第五十五》）

李贤注：《说文》曰："坞，小障也。一曰庳城也。"

按：今本《说文》未收"坞"字。今本《说文》曰：

---

① 高明：《〈后汉书〉李贤注引〈说文〉考》，《南京师范大学文学院学报》2009年第4期。

② （汉）许慎：《说文解字校订本》卷12，班吉庆等点校，凤凰出版社2004年版，第354页。

③ 尉侯凯：《后汉书注引经考》，硕士学位论文，华中师范大学，2013年，第34页。

④ 徐时仪校注：《一切经音义三种校本合刊》，上海古籍出版社2008年版，第214页。

⑤ 徐时仪校注：《一切经音义三种校本合刊》，上海古籍出版社2008年版，第245页。

⑥ （清）段玉裁：《说文解字注》，中华书局2013年版，第610页下栏。

第五章 《后汉书》李贤注引《说文解字》补正

"鸡，小障也。一曰：庳城也。"① 与李贤注所引内容相合。《广韵·姥韵》载"坞"与"隖"同。② 朱骏声《说文通训定声》"隖"字条下曰："字亦作坞、作碼。"③ 可见，"坞"与"隖"是一对异体字，李贤等人在引用《说文》的时候将"隖"字写作"坞"字。

（8）譬如寄物瓵中，出则离矣。（《郑孔荀列传第六十》）

李贤注：《说文》曰："瓵，缶也。"《字书》曰："瓵似缶而高。"

按：今本《说文》未收"瓵"字。古代训诂学家多认为"瓵"与"缶"是一对异体字，如《墨子·备城门》"水瓵"孙诒让《墨子间诂》引毕云："《玉篇》云：'瓵同缶。'"④《墨子·三辩》"息于聆缶之乐"孙诒让《墨子间诂》曰："瓵即缶之俗。"⑤《史记·淮阴侯列传》"而伏兵从夏阳以木罂瓵渡军"裴骃集解引徐广曰："瓵，一作'缶'。"⑥ 朱骏声

---

① （汉）许慎：《说文解字校订本》卷14，班吉庆等点校，凤凰出版社2004年版，第429页。
② （宋）陈彭年等编：《宋本广韵·永禄本韵镜》，江苏教育出版社2005年版，第76页下栏。
③ （清）朱骏声：《说文通训定声》（附音序、笔画、四角号码检字），中华书局2016年版，第398页上栏。
④ （清）孙诒让：《墨子间诂》卷14，孙启治点校，中华书局2017年版，第507页。
⑤ （清）孙诒让：《墨子间诂》卷1，孙启治点校，中华书局2017年版，第39—40页。
⑥ （汉）司马迁：《史记》卷92，中华书局1959年版，第2613—2614页。

《说文通训定声》"瓨"字下曰:"此字当为缶之或体,从瓦缶,缶亦声。"① 段玉裁《说文解字注》"缶"字下曰:"俗作瓨。"② 现代辞书也普遍沿用这一观点。但在此例中,李贤注除引用《说文》的释义"瓨,缶也"外,还引用了《字书》中的释义"瓨似缶而高"。若按《字书》所载,"瓨"与"缶"应是两种外形相似的容器,"瓨"比"缶"要高一些,然《字书》现已失传,该注是否准确已不可考。除李贤注之外,在目前收集到的古注资料中,尚没有见到引用《说文》"瓨,缶也"的用例,该例是否出自《说文》尚缺乏其他书证。

(9)男女老壮皆相与赋敛,致奠醊以千数。(《循吏列传第六十六》)

李贤注:醊音张芮反。《说文》曰:"祭酹也。"

按:今本《说文》未收"醊"字。今本《说文》曰:"餟,祭酹也。"③"餟"与"醊"在古籍中经常通用。《史记·孝武帝纪》:"其下四方地,为餟食群神从者及北斗云。"司马贞索隐引《说文》云:"餟,祭酹。"④《原本玉篇残卷》"餟"字条下曰:"《说文》'祭酹也',《仓颉篇》'祭也',《声类》

---

① (清)朱骏声:《说文通训定声》(附音序、笔画、四角号码检字),中华书局2016年版,第270页上栏。
② (清)段玉裁:《说文解字注》,中华书局2013年版,第227页上栏。
③ (汉)许慎:《说文解字校订本》卷5,班吉庆等点校,凤凰出版社2004年版,第145页。
④ (汉)司马迁:《史记》卷12,中华书局1959年版,第469—470页。

'今为醶字'，在《酉部》。"① 而今本《玉篇》"醶"字条下曰："今作餕，祭酹也。"② 王念孙《广雅疏证·释天》曰："醶，与'餕'同。"③ 根据目前收集到的资料，古注中引用《说文》作"醶"字和"餕"字的情况均有，许慎最初著书时使用的究竟是哪一个字尚不能确定。有学者"考《声类》云'今为"醶"字，在《酉部》'，明其本字作'餕'后乃移入《酉部》也"④，据此推断《说文》原本使用的是"餕"字，但《声类》成书时间晚于《说文》且早已亡轶，不能说明《说文》原本的用字情况。有学者则认为，李贤等人"很有可能是误将《玉篇》、《字林》等字书当作《说文》来引用，也可能是《说文》流传中脱落了条目"⑤，此说亦可作为参考。

（10）顺帝感翟酺之言，乃更脩黉宇，凡所造构二百四十房，千八百五十室。（《儒林列传第六十九上》）

李贤注：《说文》曰："黉，学也。"黉与横同。

按：今本《说文》未收"黉"字。"黉"与"横"古音同在匣母阳韵，均从黄声，读音相同。《后汉书》当中出现了

---

① （梁）顾野王编撰：《原本玉篇残卷》，中华书局1985年版，第295页。
② （梁）顾野王：《大广益会玉篇》卷30，中华书局1987年版，第135页下栏。
③ （清）王念孙：《广雅疏证》（点校本）卷9，张其昀点校，中华书局2019年版，第685页。
④ 尉侯凯：《后汉书注引经考》，硕士学位论文，华中师范大学，2013年，第47页。
⑤ 高明：《〈后汉书〉李贤注引〈说文〉考》，《南京师范大学文学院学报》2009年第4期。

"黉宇""黉学""横舍""横塾"四个与古代学校相关的词语,其中"黉学"李贤等人未加注释,其余各词的注释都强调了"黉"与"横"存在密切关系。

  时郡学久废,德乃修起横舍,备俎豆籩豆,行礼奏乐。(《申屠刚鲍永郅恽列传第十九》)
  李贤注:横,学也,字又作"黉"。
  其服儒衣,称先王,游庠序,聚横塾者,盖布之于邦域矣。(《儒林列传第六十九下》)
  李贤注:"横"又作"黉"。

可见,在《后汉书》成书时代,"黉"与"横"在表示学校、校舍之义时已经可以互相替代。至唐代,"黉"字可能更为常用,故而李贤等人在注释时要特别作出强调。本例中所引《说文》"黉,学也"一语,可能引自其他古籍而误冠以《说文》之名。有学者认为,"宋徐铉《进校定说文表》有'黉,学堂也'语,李贤所引《说文》大概根据在此"[①],可作为参考。

  (11) 乃诏尚方詠视,则四年中所赐尚书官属履也。(《方术列传第七十二上》)
  李贤注:《说文》曰,詠亦视也。

按:今本《说文》未收"詠"字。今本《说文》曰:

---

① 杨柳:《〈后汉书〉李贤注文字训诂研究》,硕士学位论文,复旦大学,2008年,第19页。

"诊，视也。"①"訟"与"诊"是一对异体字。《玉篇》"诊"字条下曰："视也，验也。"②"訟"字条下则载"訟"与"诊"同义，"訟"为俗体。③本例李贤注引《说文》时，可能以俗体"訟"替代"诊"，也可能李贤等人所依据的《说文》版本已经出现了用俗体替代本字的现象，"其中的某些字可能是李阳冰刊定的对象"④。

① （汉）许慎：《说文解字校订本》卷3，班吉庆等点校，凤凰出版社2004年版，第72页。
② （梁）顾野王：《大广益会玉篇》卷9，中华书局1987年版，第43页上栏。
③ （梁）顾野王：《大广益会玉篇》卷9，中华书局1987年版，第43页上栏。
④ 高明：《〈后汉书〉李贤注引〈说文〉考》，《南京师范大学文学院学报》2009年第4期。

第六章 《后汉书》李贤注与现代辞书编纂

——以《汉语大词典》为例

　　古代训诂学家对古籍的注解通常是以今语释古语,以通语释方言,用来训释的词一般是当时社会中的常用词,可以在一定程度上反映出注解者所处时代的词汇面貌,不仅具有重要的词汇学价值,对于现代辞书编纂也有着重要的参考意义。《后汉书》李贤注中保存了大量的训诂资料,其中的释义、书证等同样是辞书编纂的重要参考。由罗竹风主编,汉语大词典编辑委员会、汉语大词典编纂处编纂的《汉语大词典》是我国目前收录词条最多,释义、引证较为齐全的大型工具书,全书共13卷,包括正文12卷,索引1卷,共收录单字2.2万余个,收录词语37.5万余条,通常每个义项后会附带从古今文献中选出的3—4条例证,力求全面地反映词语的历史发展源流。《汉语大词典》收录的训诂资料非常丰富,将《后汉书》李贤注与《汉语大词典》进行对比分析,既可以发掘利用李贤注在现代辞书编纂方面的价值,同时也可以对《汉语大词典》进行一些补正。

# 第六章 《后汉书》李贤注与现代辞书编纂

第一节 补充《汉语大词典》未收词语、义项

《汉语大词典》的编纂工作始于 1975 年，1986 年出版第一卷，之后陆续出版其余各卷，1994 年又出版了"附录·索引"卷，标志着全书的出版工作顺利完成。《汉语大词典》的编纂出版历时近 20 年，凝聚了一大批专家学者的研究成果，可谓古今汉语词汇之集大成者。然而因书成众手且内容浩繁，《汉语大词典》在词语和义项收录方面不免存在遗漏。根据我们的整理分析，《后汉书》李贤注中涉及的部分词语或义项并没有被《汉语大词典》收录。例如：

（1）方今干戈少弭，戎事略戢，留思圣蓺，眷顾儒雅，采孔子拜下之义，卒渊圣独见之旨，分明白黑，建立《左氏》，解释先圣之积结，洮汰学者之累惑，使基业垂于万世，后进无复狐疑，则天下幸甚。（《郑范陈贾张列传第二十六》）

李贤注：洮汰犹洗濯也。

按：《汉语大词典》未收"洮汰"一词。"洮"与"汰"均有淘洗之义。"汰"同"汰"，《玉篇·水部》"汰"字条下曰："洗也。"[1] "洮汰"本义为淘米，指用水冲洗以去除米中杂质的过程，后进一步引申为洗涤、清除。《淮南子·要略》：

---

[1] （梁）顾野王：《大广益会玉篇》卷19，中华书局1987年版，第90页上栏。

"辞虽坛卷连漫,绞纷远缓,所以洮汰涤荡至意,使之无凝竭底滞,卷握而不散也。"① 李贤注训"洮汰"为"洗濯",正是取其清除之义。《汉语大词典》可根据李贤注的训释以及相关古籍中的例证将"洮汰"一词收录。

(2) 第五伦峭覈为方,非夫恺悌之士,省其奏议,惇惇归诸宽厚,将惩苛切之敝使其然乎?(《第五锺离宋寒列传第三十一》)

李贤注:峭覈谓其性峻急,好穷覈事情。

按:《汉语大词典》未收"峭覈"一词。"峭"意为"峻","覈"意为"查对""审查"。所谓"峭覈"即性情严峻苛刻,遇事喜欢追根究底。《汉语大词典》可根据李贤注的训释将"峭覈"一词收录。

(3) 同县高氏、蔡氏并皆富殖,郡人畏而事之,唯馥比门不与交通,由是为豪姓所仇。(《党锢列传第五十七》)

李贤注:比门犹并门也。

按:《汉语大词典》未收"并门"一词。"并"意为"并排""并列","并门"即"比邻而居"。原文的意思是人们都畏惧富豪高氏、蔡氏的势力,不得不侍奉他们,夏馥虽与高、蔡两家比邻而居,却从不与他们往来,因此被两家仇视。《汉

---

① 杨坚点校:《吕氏春秋·淮南子》卷21,岳麓书社2006年版,第437页。

第六章 《后汉书》李贤注与现代辞书编纂

语大词典》可根据李贤注的训释将"比门"一词收录。

(4) 故信都令汉阳阎忠干说嵩曰:"难得而易失者,时也;时至不旋踵者,几也。故圣人顺时以动,智者因几以发。今将军遭难得之运,蹈易骇之机,而践运不抚,临机不发,将何以保大名乎?"(《皇甫嵩朱儁列传第六十一》)

李贤注:干谓冒进。

按:李贤注所说的"冒进"意为"冒昧进言"。《汉语大词典》"冒进"条下共收录了三个义项,分别为"1. 才德不称而求仕进。2. 冒险行进。3. 超过具体条件和实际情况的可能,工作开始得过早,进行得过快"[1]。但未涉及"冒昧进言"之义,可根据李贤注的训释补充该义项。

(5)(曹)操怪之,使寻其故,行视诸炉,悉亡其酒脯矣。(《方术列传第七十二下》)

李贤注:炉,酒肆也。

按:李贤注所说的"酒肆"意为"酒家""酒店"。《汉语大词典》"炉"共有五个义项,分别为"1. 供烹饪、冶炼、取暖等用的盛火器具或装置。2. 指香炉;熏炉。3. 用同'垆'。古时酒店前放置酒坛的炉形土墩。4. 煮。5. 量词"[2]。

---

[1] 汉语大词典编辑委员会、汉语大词典编纂处编纂:《汉语大词典》第5卷,汉语大词典出版社2001年版,第666页。

[2] 汉语大词典编辑委员会、汉语大词典编纂处编纂:《汉语大词典》第7卷,汉语大词典出版社2001年版,第313页。

上述义项均未涉及"酒肆"一义，只有第三个义项与"酒肆"存在一定关联，但该义项并没有提及"垆"可以由"酒店前放置酒坛的炉形土墩"进一步引申为"酒店"。经查阅，《汉语大词典》"垆"字条下第二个义项为，"古时酒店里安放酒瓮的炉形土台子。借指酒店"①。该义项明确提及了"酒店"一义，且可与"垆"字条下第三义项相互印证，故"垆"字条下第三义项中，可依据李贤注补充"酒店"这一引申义。

（6）故《女宪》曰："妇如影响，焉不可赏。"（《列女传第七十四》）

李贤注：影响言顺从也。

按：此处李贤注训"影响"为"顺从"，全句意思为"如果儿媳能顺从公婆的意愿，怎么能不奖赏她"。《汉语大词典》"影响"条下共收录了十三个义项，分别为"1.影子和回声。多用以形容感应迅捷。2.呼应；策应。3.近似。4.仿效；模仿。5.影子和声响。引申为踪迹。6.音信，消息。7.印象，指事情的梗概，轮廓。8.恍惚，模糊。9.谓传闻不实或空泛无据。10.根据。11.效验。12.起作用；施加作用。13.声响"②。上述义项均未涉及"顺从"之义，可依据李贤注进行补充。

---

① 汉语大词典编辑委员会、汉语大词典编纂处编纂：《汉语大词典》第2卷，汉语大词典出版社2001年版，第1239页。
② 汉语大词典编辑委员会、汉语大词典编纂处编纂：《汉语大词典》第3卷，汉语大词典出版社2001年版，第1136—1137页。

第二节　提前《汉语大词典》引证时间

《汉语大词典》的编纂遵循着"古今兼收，源流并重"的原则，每个义项后所列举的书证都是按照古今时代顺序排列的，排在最前面的一般是该义项的始见例，即最早出处。然而我国古籍浩如烟海，从中为每一个义项找到最早的用例并非易事。通过对比分析，我们发现《汉语大词典》收录的部分词语义项在李贤注当中已经出现，《汉语大词典》引用的书证却晚于李贤注。现举例说明如下。

（1）今方盛夏，且复假贷，以观厥后。（《孝安帝纪第五》）

李贤注：假贷犹宽容也。盛夏不可即加刑罚，故且宽容。

按：《汉语大词典》"宽容"条下共收录了三个义项，第二个义项提及了"引申指宽恕"，所引书证为清李渔《风筝误·拒奸》："你不从就罢了，何须告诉母亲，待我陪个不是，求你宽容了罢。"鲁迅《且介亭杂文末编·死》："损着别人的牙眼，却反对报复，主张宽容的人，万勿和他接近。"[①] 根据《后汉书》原文及李贤等人的注解，可以推知，例文中的"宽容"即为宽恕之义，与《汉语大词典》第二个义项相同，但

[①] 汉语大词典编辑委员会、汉语大词典编纂处编纂：《汉语大词典》第3卷，汉语大词典出版社2001年版，第1584页。

《汉语大词典》所引用书证均晚于李贤注，因此可将李贤注补于李渔《风筝误·拒奸》前。

（2）则知其道有足怀者，所以栖有四方之桀，士至投死绝亢而不悔者矣。(《隗嚣公孙述列传第三》)

李贤注：亢，喉咙也。

按：《汉语大词典》"喉咙"条下共收录了两个义项，第一个义项为"咽喉"，所引书证为唐元稹《酬周从事望海亭见寄》诗："衣袖长堪舞，喉咙转解歌。"元无名氏《争报恩》第四折："你便有玉液金波且莫题，其实下俺这喉咙不得。"《儒林外史》第五回："严监生喉咙里痰响得一进一出，一声不倒一声的，总不得断气。"叶圣陶《隔膜·恐怖的夜》："胡琴响了一会，干燥而粗野的喉咙里跟着发出歌声来。"[①] 根据《后汉书》原文及李贤注的注解，可以推知，"绝亢"意为割断喉咙，故李贤注所注"喉咙"与《汉语大词典》所收义项相同。然元稹生于公元779年，卒于公元831年，比李贤注成书时间晚了一百多年，故《汉语大词典》所引用的书证均晚于李贤注，可将李贤注补于元稹《酬周从事望海亭见寄》诗前。

（3）臣恐绳墨弃而不用，斧斤废而不举。(《伏侯宋蔡冯赵牟韦列传第十六》)

[①] 汉语大词典编辑委员会、汉语大词典编纂处编纂：《汉语大词典》第3卷，汉语大词典出版社2001年版，第433页。

第六章 《后汉书》李贤注与现代辞书编纂

李贤注：绳墨谕章程也。

按：《汉语大词典》"章程"条下共收录了三个义项，第二个义项为"制度、法规或程式、规定"。所引书证为唐赵璘《因话录·征》："善守章程，深得宰相之体。"郑观应《盛世危言·廉俸》："倘有玩忽章程，贻误政事、徇情受贿，越理取财，一经讦发，从严查办。"鲁迅《书信集·致郑振铎》："倘亦预约，希将章程见示。"① 根据《后汉书》原文及李贤等人的注解，可以推知李贤注中的"章程"指法律，与《汉语大词典》义项相同。然赵璘生活的年代大约在唐武宗会昌中前后，明显晚于李贤注成书时间，因此可将李贤注补于赵璘《因话录·征》前。

（4）督邮吴导至县，抱诏书，闭传舍，伏床而泣。（《党锢列传第五十七》）

李贤注：传，驿舍也，音知恋反。

按：《汉语大词典》"驿舍"条下仅收录了一个义项"传舍；旅店"，所引书证为宋张孝祥《木兰花慢》词："记谷口园林，当时驿舍，梦里曾游。"《古今小说·吴保安弃家赎友》："尊夫人同令嗣远来相觅，见在驿舍，足下且往，暂叙十年之别。"《清史稿·刑法志一》："律虽仍旧分三十门，而芟削六部之目。其因时事推移及新章递嬗而删者如……《厩

---

① 汉语大词典编辑委员会、汉语大词典编纂处编纂：《汉语大词典》第8卷，汉语大词典出版社2001年版，第384页。

· 207 ·

牧》之公使人等索借马匹,《邮驿》之占宿驿舍上房。"[1] 根据《后汉书》原文及李贤等人的注解,可以推知,李贤注中的"驿舍"的含义与《汉语大词典》所收义项相同,《汉语大词典》所引书证明显晚于李贤注,故可将李贤注补于张孝祥《木兰花慢》词前。

(5) 往闻二君有执法之平,以为小介,当收旧好;而怨毒渐积,志相危害,闻之怃然,中夜而起。(《郑孔荀列传第六十》)

李贤注:介犹蒂芥也。

按:《汉语大词典》未收录"蒂芥",只收录了"芥蒂"。"芥蒂"条下共有五个义项,第一个义项为"蒂芥",并引清代翟灏《通俗编·草木》曰:"今人每颠倒言之曰'芥蒂',乃自宋人诗始。"[2] 据此可知,"芥蒂"在宋代以前写作"蒂芥"。第二个义项为"比喻积在心中的怨恨、不满或不快",所引书证为宋苏轼《与王定国书》:"今得来教,既不见弃绝,而能以道自遣,无丝发芥蒂。"清蒲松龄《聊斋志异·镜听》:"冷暖相形,颇存芥蒂。"鲁迅《书信集·致李秉中》:"对于发表信札的事,我于兄也毫无芥蒂。"[3] 依据《后汉书》原文

---

[1] 汉语大词典编辑委员会、汉语大词典编纂处编纂:《汉语大词典》第12卷,汉语大词典出版社2001年版,第908页。
[2] 汉语大词典编辑委员会、汉语大词典编纂处编纂:《汉语大词典》第9卷,汉语大词典出版社2001年版,第308页。
[3] 汉语大词典编辑委员会、汉语大词典编纂处编纂:《汉语大词典》第9卷,汉语大词典出版社2001年版,第308页。

语境可以推断，李贤注所谓"蒂芥"的具体含义当与《汉语大词典》"芥蒂"的第二个义项相同，但《汉语大词典》所引书证均晚于李贤注，故可将李贤注补于苏轼《与王定国书》前。

(6) 臣所欲言，陛下已知，故略其梗概，不敢具陈。(《文苑列传第七十上》)

李贤注：梗概犹粗略也。

按：《汉语大词典》"粗略"条下共收录了两个义项，第二个义项为"不精致；不精确"，所引书证为宋欧阳修《归田录》卷二："今岳《书仪》十已废其七八，其一二仅行于世者，皆苟简粗略，不如本书。"孙中山《建国方略·实业计画》："关于筑港及整治扬子江之工程数目，仅为粗略之预算，盖事势上自然如此也。"周立波《金戒指》："从衣兜里掏出本子来，用铅笔把地形作了一个粗略的图画。"[1] 依据《后汉书》原文语境可以推断，李贤注所谓"粗略"意为"大概""概略"，与《汉语大词典》"粗略"的第二个义项相同，而《汉语大词典》所引用的书证均晚于李贤注，可将李贤注补于欧阳修《归田录》前。

(7) 逮及亡新，时汉之衰，偷忍渊囿，篡器慢违，徒以埶便，莫能卒危。(《文苑列传第七十上》)

---

[1] 汉语大词典编辑委员会、汉语大词典编纂处编纂：《汉语大词典》第9卷，汉语大词典出版社2001年版，第208页。

李贤注：偷忍犹盗窃也。

按：《汉语大词典》"盗窃"条下共收录了五个义项，第三个义项为"非法占有"，引用书证为宋洪迈《容斋随笔·五胡乱华》："刘聪乘晋之衰，盗窃中土，身死而嗣灭。"明刘基《咏史》诗："奸雄盗窃幸倾危，只道冥冥便可欺，想得民心思汉日，正当杨子《剧秦》时。"清鲁一同《正统论》："帝则曰帝，王则曰王，高光崛起，李赵彷徨，魏晋盗窃，秦隋强梁。"①依据《后汉书》原文语境可以推断，李贤注所谓"盗窃"为"非法侵占"之义，与《汉语大词典》"盗窃"的第三个义项相同，而《汉语大词典》所引的书证出自宋代，明显晚于李贤注，故可将李贤注补于洪迈《容斋随笔·五胡乱华》前。

(8) 文武将坠，乃俾俊臣。整我皇纲，董此不虔。（《文苑列传第七十下》）

李贤注：董，正也。

按：《汉语大词典》"董"字条下共有九个义项，其中，第四个义项有"纠正；修正"之义，所引书证为清冯桂芬《复庄卫生书》："举凡典章制度、名物象数无一非道之所寄，即无不可著之于文，有能理而董之，阐而明之，探其奥迹，发其精英，斯谓之佳文。"②依据《后汉书》原文可知，"整"

---

① 汉语大词典编辑委员会、汉语大词典编纂处编纂：《汉语大词典》第7卷，汉语大词典出版社2001年版，第1440页。
② 汉语大词典编辑委员会、汉语大词典编纂处编纂：《汉语大词典》第9卷，汉语大词典出版社2001年版，第472页。

第六章 《后汉书》李贤注与现代辞书编纂

与"董"并称,故二者均为"整理""修正"之义。与《汉语大词典》"董"的第四个义项相同,而《汉语大词典》所引的书证出自清代,明显晚于李贤注,故可将李贤注补于冯桂芬《复庄卫生书》前。

(9)悯焉若醒,抚剑而叹。(《文苑列传第七十下》)
李贤注:醒,酒病也。

按:《汉语大词典》"酒病"条下仅有一个义项,即"犹病酒。因饮酒过量而生病",所引书证为唐姚合《寄华州李中丞》诗:"养生非酒病,难隐题诗名。"清黄景仁《钱塘舟次》诗:"风雪衣单知岁晚,江湖酒病与年深。"[①] 姚合是唐代诗人,约生于公元779年,卒于公元846年,而李贤注的成书时间不会晚于公元684年,因此李贤注的书证可补于姚合《寄华州李中丞》诗前。

(10)是以古之仙者为导引之事,熊经鸱顾,引挽腰体,动诸关节,以求难老。(《方术列传第七十二下》)
李贤注:熊经,若熊之攀枝自悬也。

按:《汉语大词典》"熊经"条下共收录了两个义项,第二个义项为"古代导引养生之法。状如熊攀树而悬",所引书证为明唐顺之《赠袁御医芳洲》诗:"熊经自信窥真诀,鸿宝还将献至尊。"清王图炳《游仙》诗:"青雀西飞绕集灵,麻

---

① 汉语大词典编辑委员会、汉语大词典编纂处编纂:《汉语大词典》第9卷,汉语大词典出版社2001年版,第1380页。

姑仙诀悟熊经。"① 依据《后汉书》原文语境可以推断,李贤注所谓"熊经"为养生之法,与《汉语大词典》"熊经"的第二个义项相同,而《汉语大词典》所引用的书证均晚于李贤注,因此可将李贤注补于唐顺之《赠袁御医芳洲》诗前。

(11) 其馀大者万馀人,小者数千人,更相钞盗,盛衰无常,无虑顺帝时胜兵合可二十万人。(《西羌传第七十七》)

李贤注:无虑犹都凡也。

按:《汉语大词典》"都凡"条下共收录了两个义项,第一个义项为"大凡,大概",所引书证为宋韩维《孔先生以仙长老山水略录见约同游作诗答之》:"书之远寄龙山下,云此仅止存都凡。"② 依据《后汉书》原文语境可以推断,李贤注所谓"都凡"为"大概"之义,与《汉语大词典》"都凡"的第一个义项相同,而《汉语大词典》所引的书证出自宋代,晚于唐代的李贤注用例,故可将李贤注补于韩维《孔先生以仙长老山水略录见约同游作诗答之》前。

(12) 迷吾既杀傅育,狃忕边利。(《西羌传第七十七》)
李贤注:狃忕,惯习也。

---

① 汉语大词典编辑委员会、汉语大词典编纂处编纂:《汉语大词典》第7卷,汉语大词典出版社2001年版,第227页。
② 汉语大词典编辑委员会、汉语大词典编纂处编纂:《汉语大词典》第10卷,汉语大词典出版社2001年版,第633页。

第六章 《后汉书》李贤注与现代辞书编纂

按：《汉语大词典》"惯习"条下共收录了两个义项，第二个义项为"习惯于；习惯"，所引书证为唐杜甫《前苦寒行》之一："秦城老翁荆扬客，惯习炎蒸岁绵纷。"宋孟元老《东京梦华录·正月》："向晚，贵家妇女纵赏关赌，入场观看，入市店饮宴，惯习成风。"清刘献廷《广阳杂记》卷五："甚矣，惯习之能移人也，能不慎哉！"闻一多《诗与批评·冬夜评论五》："我们中惯习的毒太深，这种毛病，犯的还是不少。"① 据《后汉书》原文语境可以推断，李贤注所谓"惯习"为"习惯于"之义，与《汉语大词典》"惯习"的第二个义项相同。然杜甫生于公元712年，卒于公元770年，晚于李贤注成书时间，可将李贤注补于杜甫《前苦寒行》前。

(13) 从安息陆道绕海北行出海西至大秦，人庶连属，十里一亭，三十里一置，终无盗贼寇警。(《西域传第七十八》)

李贤注：置，驿也。

按：《汉语大词典》"驿"字条下共有八个义项，第二个义项为"驿站"，所引书证为唐韩愈《记宜城驿》："此驿置在古宜城内，驿东北有井，传是昭王井，有灵异。"明邵璨《香囊记·邮亭》："天色晚了，前面又没村落，我和你只得在此间驿里借宿一宵。"清李调元《题春风亭》诗："驿前杨柳系

---

① 汉语大词典编辑委员会、汉语大词典编纂处编纂：《汉语大词典》第7卷，汉语大词典出版社2001年版，第719—720页。

青骢,小有亭台蔓草中。"① 依据《后汉书》原文可以推断,李贤注所谓"驿"意为"驿站",与《汉语大词典》"驿"的第二个义项相同,李贤注以"驿"释"置",说明"驿"在当时已经是常用词。而韩愈生于公元 768 年,卒于公元 824 年,李贤注的成书时间不晚于公元 684 年,李贤注的例证时间要早于《汉语大词典》所引书证,因此可将李贤注补于韩愈《记宜城驿》前。

(14) 妇人能刺韦作文绣,织氀毼。男子能作弓矢鞍勒,锻金铁为兵器。(《乌桓鲜卑列传第八十》)

李贤注:勒,马衔也。

按:《汉语大词典》"马衔"条下共有两个义项,第二个义项为"马勒;马嚼子",所引书证为宋赵与时《宾退录》卷三:"夏文庄尝有《寄题琵琶亭》一绝云:'流光过眼如车毂,薄宦拘人甚马衔。若遇琵琶应大笑,何须泣泪满青衫。'"明李时珍《本草纲目·金石一·诸铁器》:"马衔,即马勒口铁也。"② 依据《后汉书》原文可以推断,李贤注所谓"马衔"意为"马嚼子",与《汉语大词典》"马衔"的第二个义项相同,而《汉语大词典》所引的书证出自宋代,晚于唐代的李贤注,因此可将李贤注补于宋赵与时《宾退录》前。

---

① 汉语大词典编辑委员会、汉语大词典编纂处编纂:《汉语大词典》第12卷,汉语大词典出版社 2001 年版,第 907 页。
② 汉语大词典编辑委员会、汉语大词典编纂处编纂:《汉语大词典》第12卷,汉语大词典出版社 2001 年版,第 782 页。

第三节 补充《汉语大词典》书证

汉语词汇的发展具有历时性特征,故而汉语辞书的编纂应重视书证的全面性,尽可能地体现词汇在不同历史阶段的发展演变。《汉语大词典》虽十分重视书证的收集,但部分词语的书证还不够丰富,可以借助《后汉书》李贤注进行补充。

一 补充《汉语大词典》书证缺失

《汉语大词典》部分词语的义项没有书证,可以借助李贤注进行补充。例如:

> 间者,日食毁缺,阳光晦暗,朕祇惧潜思,匪遑启处。(《孝桓帝纪第七》)
> 李贤注:启,跪也。

按:《汉语大词典》"启"字下共有十七个义项,其中,第十四个义项为"跪;危坐"①,但未列出书证。据《后汉书》原文语境及李贤注可以推断,"启"意为"跪坐,引申为生活安稳",与《汉语大词典》所列义项相同,故可将李贤注列为"启"的书证。

---

① 汉语大词典编辑委员会、汉语大词典编纂处编纂:《汉语大词典》第3卷,汉语大词典出版社2001年版,第394页。

二　补充《汉语大词典》书证时间断层

汉语发展史一般可分为上古、中古、近代、现代四个历史时期,对于具体时段的划分尤其是对于中古汉语的时段划分,学界看法不尽一致。我们认为,中古汉语大致应包括东汉魏晋南北朝时期,而隋唐时期则属于中古汉语向近代汉语过渡的时期。辞书的书证收录,应尽可能地反映词汇发展的脉络,涵盖汉语发展的不同历史时期。经过我们的分析对比,《汉语大词典》部分词语虽然释义完备,所引用的书证也都无误,但是从古今时代发展的角度来看,其所引用的书证在时间上的断层较大,不利于读者全面掌握该词语的历时发展情况,利用《后汉书》李贤注可以对这些词语的书证进行补充。例如:

（1）世以厚葬为德,薄终为鄙,至于富者奢僭,贫者单财,法令不能禁,礼义不能止,仓卒乃知其咎。（《光武帝纪第一下》）

李贤注:仓卒谓丧乱也。

按:《汉语大词典》"丧乱"条下仅有一个义项,"死亡祸乱。后多以形容时势或政局动乱",所收书证分别为《诗·大雅·云汉》:"天降丧乱,饥馑荐臻。"北齐颜之推《颜氏家训·涉务》:"居承平之世,不知有丧乱之祸;处庙堂之下,不知有战陈之急。"清顾炎武《顾与治诗序》:"晚值丧乱,独身无子,迫于赋役,困踬以终。"陈去病《鉴湖女侠秋瑾传》:"时天下丧乱,内外交哄,而中朝政治,日益窳败。"① 据《后汉书》原文语境可以推断,李贤注所谓"丧乱"与《汉语大词典》所列义项相同,但该条所引书证从北齐直接跳跃至清代,即从中古汉语时期直接到近代汉语时期,缺少由中古汉语向近代汉语过渡时期的用例,可以将李贤注补入。

(2)诏书既下,勿得稽留,刺史明加督察尤无状者。(《肃宗孝章帝纪第三》)

李贤注:无状谓其罪恶尤大,其状无可寄言,故云无状。

按:《汉语大词典》"罪恶"条下收录了两个义项,第一个义项为"指犯罪的行为",所列书证为《公羊传·昭公元年》:"以亲者弑,然后其罪恶甚。"北齐颜之推《颜氏家训·教子》:"凡人不能教子女者,亦非欲陷其罪恶;但重于诃怒,伤其颜色,不忍楚挞惨其肌肤耳。"宋苏轼《赠钱道人》诗:"我生涉忧患,常恐长罪恶。"清和邦额《夜谭随录·棘闱志异》:"吾平生无昧心事,唯任某县令时,曾受贿二千金,冤杀二囚,为大罪恶。"② 据《后汉书》原文语境可以推断,李贤注所谓"罪恶"与《汉语大词典》所收义项相同,但该条所引书证从北齐直接跳跃至宋代,即从中古汉语时期直接到近

---

① 汉语大词典编辑委员会、汉语大词典编纂处编纂:《汉语大词典》第3卷,汉语大词典出版社2001年版,第411页。
② 汉语大词典编辑委员会、汉语大词典编纂处编纂:《汉语大词典》第8卷,汉语大词典出版社2001年版,第1031页。

代汉语时期，缺少由中古汉语向近代汉语过渡时期的用例，可以将李贤注补入。

（3）岂亡克慎肃雍之臣，辟公之相，皆助朕之依依。（《肃宗孝章帝纪第三》）

李贤注：依依，思慕之意。

按：《汉语大词典》"思慕"条下共有两个义项，第一个义项为"怀念；追慕"，所收书证为《荀子·礼论》："哀痛未尽，思慕未忘。"汉班固《白虎通·诛伐》："哀孝子之思慕，不忍加刑罚。"北魏郦道元《水经注·沔水上》："夫人思慕本乡，追求洋川米。"明李贽《与焦弱侯书》："一拂自少至老读书此山寺，后之人思慕遗风，祠而祀之。"郭沫若《前茅·暴虎辞》："嗟乎！勇士竟此下吏死，令人至今思慕之。"① 据《后汉书》原文语境可以推断，李贤注所谓"思慕"与《汉语大词典》所收义项相同，但该条所引书证从北魏直接跳跃至宋代，即从中古汉语时期直接到近代汉语时期，缺少由中古汉语向近代汉语过渡时期的用例，可以将李贤注补入。

（4）元首不明，化流无良，政失于民，谪见于天。（《孝和孝殇帝纪第四》）

李贤注：谪，谴责也。

---

① 汉语大词典编辑委员会、汉语大词典编纂处编纂：《汉语大词典》第7卷，汉语大词典出版社2001年版，第444页。

第六章 《后汉书》李贤注与现代辞书编纂

按：《汉语大词典》"谴责"条下仅有一个义项"申斥"，所收书证为《史记·外戚世家》："帝谴责钩弋夫人。夫人脱簪珥叩头。"宋周密《齐东野语·景定慧星》："臣当委心以听，奉身以退，徐请谴责，以戒为臣之缪于国者。"沙汀《在祠堂里》："于是那种千篇一律的谴责又开头了。"① 据《后汉书》原文语境可以推断，李贤注所谓"谴责"与《汉语大词典》所收义项相同，但该条所引书证从西汉直接跳跃至宋代，即从上古汉语时期直接到近代汉语时期，缺少由中古时期以及由中古汉语向近代汉语过渡时期的用例，可以将李贤注补入。

(5)（刘隆）谒归，迎妻子置洛阳。(《朱景王杜马刘傅坚马列传第十二》)

李贤注：谒，请也，谓请假归也。

按：《汉语大词典》"请假"条下仅有一个义项"因事或因病请求准许休假"，所收书证为南朝宋刘义庆《世说新语·排调》："顾长康作殷荆州佐，请假还东。"清俞樾《茶香室丛钞·害肚感风》："按令制官员请假，辄以感冒为辞。"王西彦《一个小人物的愤怒》："这几天公事多得很，不好请假。"② 据《后汉书》原文语境可以推断，李贤注所谓"请假"与《汉语大词典》所收义项相同，但该条所引

---

① 汉语大词典编辑委员会、汉语大词典编纂处编纂：《汉语大词典》第11卷，汉语大词典出版社2001年版，第444页。
② 汉语大词典编辑委员会、汉语大词典编纂处编纂：《汉语大词典》第11卷，汉语大词典出版社2001年版，第262—263页。

书证从南朝直接跳跃至清代,即从中古汉语时期直接到近代汉语时期,缺少由中古汉语向近代汉语过渡时期的用例,可以将李贤注补入。

(6) 凡杀人皆磔尸车上,随其罪目,宣示属县。(《酷吏列传第六十七》)
李贤注:目,罪名也。

按:《汉语大词典》"罪名"条下仅有一个义项"罪行;根据犯罪行为的性质和特征所规定的犯罪名称",所收书证为《汉书·薛宣传》:"宣得郡中吏民罪名,辄召告其县长吏,使自行罚。"宋王禹偁《出守黄州上史馆相公》诗:"未甘便葬江鱼腹,敢向台阶请罪名。"清李渔《凰求凤·堕计》:"就使同到阴间,那阎罗王审问起来,自然要分个首从,焉知你的罪名不轻似我?"① 据《后汉书》原文语境可以推断,李贤注所谓"罪名"与《汉语大词典》所收义项相同,但该条所引书证从东汉直接跳跃至宋代,即从中古汉语时期直接到近代汉语时期,缺少由中古汉语向近代汉语过渡时期的用例,可以将李贤注补入。

(7) 郡中惴恐,莫敢自保。(《酷吏列传第六十七》)
李贤注:惴,惧也,音之瑞反。

按:《汉语大词典》"惧"字条下共有六个义项,第一个

---

① 汉语大词典编辑委员会、汉语大词典编纂处编纂:《汉语大词典》第8卷,汉语大词典出版社2001年版,第1029页。

义项为"恐惧；害怕"，所引书证为《诗·小雅·谷风》："将恐将惧，维予与女。"《孟子·滕文公下》："公孙衍、张仪岂不诚大丈夫哉！一怒而诸侯惧，安居而天下熄。"《水浒传》第三十回："武松点头道：'不须吩咐，我已省得了。再着两个来，也不惧他。'"郭小川《长江组歌·大风大浪》："长江虽大，我们无所惧！"① 据《后汉书》原文语境可以推断，李贤注所谓"惧"与《汉语大词典》所收义项相同，但该条所引书证从战国直接跳跃至元末明初，即从上古汉语时期直接到近代汉语时期，缺少中古时期以及由中古向近代过渡时期的用例，可以将李贤注补入。

（8）故孝武愤怒，深惟久长之计，命遣虎臣，浮河绝漠，穷破虏庭。（《西域传第七十八》）

李贤注：沙土曰漠，直度曰绝也。

按：《汉语大词典》"绝"字条下共有十三个义项，第九个义项为"横度；越过"，所收书证分别为《荀子·劝学》："假舟楫者，非能水也，而绝江河。"杨倞注："绝，过。"北魏郦道元《水经注·渭水三》："汉成帝之为太子，元帝尝急召之。太子出龙楼门，不敢绝驰道，西至直城门，方乃得度。"宋陆游《夜泊水村》诗："老子犹堪绝大漠，诸君何至泣新亭？"清顾炎武《书〈杨彝万寿祺等为顾宁人征天下书籍启〉后》："自此绝江逾淮，东蹑崂山、不其，上岱岳，瞻孔

---

① 汉语大词典编辑委员会、汉语大词典编纂处编纂：《汉语大词典》第7卷，汉语大词典出版社2001年版，第798页。

林，停车淄右。"① 据《后汉书》原文语境可以推断，李贤注所谓"绝"与《汉语大词典》所收义项相同，但该条所引书证从北魏直接跳跃至宋代，即从中古汉语时期直接到近代汉语时期，缺少由中古汉语向近代汉语过渡时期的用例，可以将李贤注补入。

(9) 肥养一犬，以彩绳缨牵，并取死者所乘马衣物，皆烧而送之，言以属累犬，使护死者神灵归赤山。(《乌桓鲜卑列传第八十》)

李贤注：属累犹付托也。

按：《汉语大词典》"付托"亦作"付讬"。"付讬"条下只有一个义项"谓将人或事委托给别人"，所收书证分别为三国蜀诸葛亮《前出师表》："先帝知臣谨慎，故临崩寄臣以大事也。受命以来，夙夜忧叹，恐付讬不效，以伤先帝之明。"晋干宝《搜神记》卷七："太康九年，幽州塞北有死牛头语。时帝多疾病，深以后事为念，而付讬不以至公，思瞀乱之应也。"《三国演义》第四四回："伯符遗言，外事付托将军。今正欲仗将军保全国家，为泰山之靠，奈何亦从懦夫之议耶？"清李渔《慎鸾交·论心》："若照奴家看来，只要他是个文人，肯把真心许我，就可以付讬终身了，何必求全责备！"邹韬奋《萍踪寄语》六八："该村成立于一九二八年……专备在园休

---

① 汉语大词典编辑委员会、汉语大词典编纂处编纂：《汉语大词典》第9卷，汉语大词典出版社2001年版，第833页。

养的父母把子女付托该村看护。"① 据《后汉书》原文语境可以推断，李贤注所谓"付托"与《汉语大词典》所收义项相同，但该条所引书证从三国直接跳跃至元末明初，即从中古汉语时期直接到近代汉语时期，缺少由中古汉语向近代汉语过渡时期的用例，可以将李贤注补入。

---

① 汉语大词典编辑委员会、汉语大词典编纂处编纂：《汉语大词典》第1卷，汉语大词典出版社2001年版，第1128页。

第七章 《后汉书》李贤注训诂勘误

《后汉书》李贤注中的注释绝大部分是准确的，为后人阅读和使用《后汉书》提供了方便。但是由于李贤注书成众手且注书用时较短，注释难免存在疏漏，故自成书以来，前修时贤对李贤注中的失误之处多有补正。在本章中，我们也在前期研究的基础上，尝试对李贤注当中存在的训诂失误进行举例分析，以求对李贤注的研究和使用进行一些有益补充。例如：

(1)（邓）晨兴鸿郤陂数千顷田，汝土以殷，鱼稻之饶，流衍它郡。（《李王邓来列传第五》）

李贤注：衍，饶也。

按：李贤注训"衍"为"饶也"，误。例文中的"衍"应为"扩展""散布"之义。有学者将"流衍"看作同义复词，认为"'衍'宜训为'散、布'，与'流'意思接近"[①]

[①] 陈敏祥：《〈后汉书〉李贤注商榷》，硕士学位论文，湖南师范大学，2007年，第8页。

我们认为,"流"指水流动,而"衍"则是对流水四处漫溢状态的描述,二者更像是一种递续关系,但此处"衍"的确为"散、布"之义。"衍"的本义为百川入海之貌,引申为蔓延、漫溢、扩展,后又引申为富足。本例中,汝南太守邓晨在任时,下令复建了当地已经废弃多年的水利工程——鸿郤陂,使得汝南地区的土地有了充足的灌溉水源,从此鱼稻丰饶。据此分析,所谓"流衍它郡",应是指当地的物产已经非常丰富,不仅可以满足本地百姓的生活需要,还可以供给其他地区,故"流衍"之"衍"应训为"扩展""散布"。古注中不乏训"衍"为"布"或"散"的用例,如《文选·张平子〈东京赋〉》"仁风衍而外流"薛综注曰:"衍,布也。"[1]《文选·枚叔〈七发〉》"衍溢漂疾"李善注引《小尔雅》曰:"衍,散也。"[2]

(2) 利口倾险,反乱国家,罪无申证,狱不讯鞫,遂令鹭等罹此酷滥。(《邓寇列传第六》)

李贤注:讯,问也。鞫,穷也。

按:李贤注训"鞫"为"穷也",不确。"鞫"宜训为"问"。"鞫"与"讯"同义,"讯鞫"应为同义复词,意为审问、审讯。现有研究成果亦多持此观点,如"'讯鞫'系同义复词,故训'鞫'为'穷',欠确"[3],以及"'讯鞫'即为同

---

[1] (梁)萧统编,(唐)李善等注:《六臣注文选》卷3,中华书局2012年版,第75页上栏。
[2] (梁)萧统编,(唐)李善等注:《六臣注文选》卷34,中华书局2012年版,第641页上栏。
[3] 顾义生:《〈后汉书〉李贤注辨析》,《古籍整理研究学刊》1994年第2期。

义复词，因此，训'鞫'为'穷'，不确"①。《汉书·刑法志》"今遣廷吏与郡鞫狱"颜师古注引如淳曰："以囚辞决狱事为鞫，谓疑狱也。"②《文选·任彦升〈齐竟陵文宣王行状〉》"未尝鞫人于轻刑"吕向注曰："鞫，问也。"③古时"鞫"与"鞠"字异而义同。《汉书·车千秋传》"未闻九卿廷尉有所鞠也"颜师古注曰："鞠，问也。"④"讯鞫"为同义复词，故"讯鞫"亦可写作"讯鞠"或"鞠讯"，如《旧唐书·良吏列传》："自贞观年李乾佑为御史大夫，别置台狱，有所鞠讯，便辄系之。"⑤

(3)（任隗）独与司徒袁安同心毕力，持重处正，鲠言直议，无所回隐，语在《袁安传》。(《任李万邳刘耿列传第十一》)

李贤注：回，邪也。隐，避也。

按：李贤注训"回"为"邪也"，不确。此处"回"宜训为"曲"。例文中"鲠言直议"与"无所回隐"连用，"无所回隐"是对"鲠言直议"的进一步补充说明。"鲠直"意为刚直不曲，"回隐"与"鲠直"意义相对，应为屈服回避之义。例文中提及，该史事在《袁安传》中有详细记载。

---

① 陈敏祥：《〈后汉书〉李贤注商榷》，硕士学位论文，湖南师范大学，2007年，第9页。
② （汉）班固撰，（唐）颜师古注：《汉书》卷23，中华书局1962年版，第1102页。
③ （梁）萧统编，（唐）李善等注：《六臣注文选》卷60，中华书局2012年版，第1113页下栏。
④ （汉）班固撰，（唐）颜师古注：《汉书》卷66，中华书局1962年版，第2885页。
⑤ （后晋）刘昫等：《旧唐书》卷185，中华书局1975年版，第4821页。

和帝即位，窦太后临朝，后兄车骑将军宪北击匈奴，安与太尉宋由、司空任隗及九卿诣朝堂上书谏，以为匈奴不犯边塞，而无故劳师远涉，损费国用，徼功万里，非社稷之计。书连上辄寝。宋由惧，遂不敢复署议，而诸卿稍自引止。唯安独与任隗守正不移，至免冠朝堂固争者十上。(《袁张韩周列传第三十五》)

由上文可以看出，汉和帝时，窦太后的兄长窦宪好大喜功，盲目出兵攻打匈奴，袁安与宋由、任隗及九卿一起上书劝阻，但接连上书均被扣住没有上报，宋由害怕了，不敢再上书，九卿也渐渐不再发声，只有袁安和任隗坚守正道不改，甚至摘了官帽到朝堂力争十余次。可见，"无所回隐"的"回"与"邪"无关，而是指袁安和任隗不向权贵屈服，训为"曲"更合文义。有学者将"回隐"看作同义复词，主张"'无所回隐'的'回'应训'避'，与'隐'同义，'回隐'犹'回避'"①，此说亦有合理之处。

(4) 走昔以摩研编削之才，与国师公从事出入，校定秘书，窃自依依，末由自远。(《苏竟杨厚列传第二十上》)

李贤注：削谓简也。一曰削书刀也。

按：李贤注训"削"为"简"，不确。"摩研编削"的"摩"意为"切磋"，"研"意为"研究"，"编"意为"编次"，"摩研编削"当为四个动词并列，而"削"应为"以刀

---

① 顾义生：《〈后汉书〉李贤注辨析》，《古籍整理研究学刊》1994年第2期。

削简牍而改之"，而非"简"。《汉书·礼乐志》："今之刑，非皋陶之法也，而有司请定法，削则削，笔则笔，救时务也。"颜师古注曰："削者，谓有所删去，以刀削简牍也。笔者，谓有所增益，以笔就而书也。"①《颜氏家训·书证篇》曰："古者，书误则削之，故《左传》云'削而投之'是也。或即谓'札'为'削'，王褒《童约》曰'书削代牍'，苏竟书云'昔以摩研编削之才'，皆其证也。"②

(5) 今议者欲先定赤眉而后入关，是不识其本而争其末，恐国家之守转在函谷，虽卧洛阳，庸得安枕乎？（《郑范陈贾张列传第二十六》）

李贤注：庸，用也。

按：李贤注训"庸"为"用也"，误。此处"庸"当为表示反诘的语气副词，可以训为"如何""怎么""难道"。古书中常有"庸"表示反问语气的用例，如韩愈《师说》："夫庸知其年之先后生于吾乎？"③《吕氏春秋·下贤》："纵夫子傲禄爵，吾庸敢傲霸王乎？"④古注中亦常见"庸"训为虚词的用例，如《文选·潘安仁〈秋兴赋〉》"庸讵识其躁静"李善注引司马彪曰："庸，犹何用也。"⑤王引之《经传释词》

---

① （汉）班固撰，（唐）颜师古注：《汉书》卷22，中华书局1962年版，第1033—1034页。
② （北齐）颜之推：《颜氏家训》，中国书店2019年版，第142页。
③ （唐）韩愈：《韩愈全集》，钱仲联、马茂元校点，上海古籍出版社1997年版，第130页。
④ 杨坚点校：《吕氏春秋·淮南子》卷15，岳麓书社2006年版，第99页。
⑤ （梁）萧统编，（唐）李善等注：《六臣注文选》卷13，中华书局2012年版，第249页下栏。

曰："庸，犹'何'也；'安'也；'讵'也。……解者多训为'用'，失之。"① 而例文"庸得安枕乎"之"庸"亦"为语气副词，言虽卧洛阳，岂能安枕？李注将虚词误解以实义，失之"②。

（6）今子韫椟《六经》，服膺道术，历世而游，高谈有日，俯钩深于重渊，仰探远乎九乾，穷至赜于幽微，测潜隐之无源。（《崔骃列传第四十二》）

李贤注：韫，匣也。椟，匮也。《论语》曰："有美玉，韫椟而藏诸。"

按：李贤注训"韫"为"匣"，误。训"韫"为"匣"，于古无据，此处的"韫"当训为"蕴藏"。李贤注所引用的例文出自《论语·子罕》："有美玉于斯，韫匵而藏诸？"何晏注引马融曰："韫，藏也。匵，匮也，谓藏诸匮中沽卖也。"古籍中亦不乏训"韫"为"藏"的用例，如《文选·左太冲〈吴都赋〉》"倾神州而韫椟"李周翰注曰："韫，藏。"③《文选·陈孔璋〈答东阿王笺〉》"谨韫椟玩耽"刘良注曰："韫，藏。"④

（7）夫专为义则伤生，专为生则骞义，专为物则害

---

① （清）王引之：《经传释词》卷3，岳麓书社1985年版，第76页。
② 顾义生：《〈后汉书〉李贤注辨析》，《古籍整理研究学刊》1994年第2期。
③ （梁）萧统编，（唐）李善等注：《六臣注文选》卷5，中华书局2012年版，第118页上栏。
④ （梁）萧统编，（唐）李善等注：《六臣注文选》卷40，中华书局2012年版，第750页上栏。

智，专为己则损仁。(《李杜列传第五十三》)
李贤注：骞，违也。

按：李贤注训"骞"为"违"，不确。此处的"骞"宜训为"损害"。原文中"伤""害""损"均有"损害""伤害"的意思，四个分句并列，"骞"同理也当为"损害"义。《汉书·晁错传》"外亡骞污之名"颜师古注曰："骞，损也。"[①] 古语中"违"与"损"的意义虽有相近之处，但是此处用"违"，易误解为"违背"，训为"损"更为恰当。

(8)（卢）植以老病求归，惧不免祸，乃诡道从轘辕出。(《吴延史卢赵列传第五十四》)
李贤注：诡，诈也。

按：李贤注训"诡"为"诈"，不确。"诡"诚有"诈"义，如《荀子·正论》"则求利之诡缓，而犯分之羞大也"杨倞注："诡，诈也。"[②]《庄子·马蹄》"而马知介倪、闉扼、鸷曼、诡衔、窃辔"成玄英疏："诡，诈也。"[③] 而《后汉书》"诡道从轘辕出"，以"诈"训"诡"，文义不通。"道"当指"道路"，卢植请求辞官归乡之后害怕遭遇不测，必定想要迅速离开，那么"诡道"理解为"抄近路，走捷径"则更合理。

---

① （汉）班固撰，（唐）颜师古注：《汉书》卷49，中华书局1962年版，第2295页。
② （清）王先谦：《荀子集解》卷12，沈啸寰、王星贤点校，中华书局2016年版，第401页。
③ （晋）郭象注，（唐）成玄英疏：《庄子注疏》，黄础基、黄兰发点校，中华书局2011年版，第186页。

第七章 《后汉书》李贤注训诂勘误

"诡道"训为"捷径"亦见于其他典籍，如《新唐书·诸帝公主传》："绍诡道走并州，主奔鄠，发家资招南山亡命，得数百人以应帝。"[1] 此处与《后汉书》用例句法结构特点相似，意义均为"走捷径"。又如元李冶《敬斋古今黈》卷四："石勒救洛阳，诡道兼行，出于巩訾之间。诡，不正也。诡道犹言斜径也，此盖犹捷径而往。"[2]

(9)（卢植）作《尚书章句》《三礼解诂》。（《吴延史卢赵列传第五十四》）

李贤注：诂，事也。言解其事意。

按：李贤注训"诂"为"事"，不确。《说文》曰："诂，训故言也。"[3]《公羊传》题首"春秋公羊经传解诂"陆德明《经典释文》释"诂"字曰："训也。"[4]《诗经·周南·关雎》"周南关雎诂训传第一"孔颖达疏曰："《尔雅》所释十有九篇，独云诂、训者，诂者古也，古今异言，通之使人知也；训者道也，道物之貌，以告人也。"[5]《尔雅·释诂》"释诂第一"邢昺疏曰："诂，古也。古今异言，解之使人知也。"[6] 关

---

[1] （宋）欧阳修、（宋）宋祁：《新唐书》卷83，中华书局1975年版，第3642页。
[2] （元）李冶：《敬斋古今黈》卷1，刘德权点校，中华书局1995年版，第11页。
[3] （汉）许慎：《说文解字校订本》卷3，班吉庆等点校，凤凰出版社2004年版，第65页。
[4] （唐）陆德明：《经典释文》卷21，上海古籍出版社2013年版，第1197页。
[5] 李学勤主编：《十三经注疏·毛诗正义》卷1，北京大学出版社1999年版，第2页。
[6] 李学勤主编：《十三经注疏·尔雅注疏》卷1，北京大学出版社1999年版，第7页。

于"诂"的解释,历来有两种不同观点,一种是将"诂"看作动词,即"训故言";一种是看作名词,即"古代语言",但是均没有将"诂"释作"事"的用例。"'解'与'诂'连用时,'诂'是动词。"① "解诂"亦作"解故",《后汉书》中亦有用例。

  师次长安,时车驾亦至,而隗嚣不欲汉兵上陇,辞说解故。(《铫期王霸祭遵列传第十》)
  李贤注:解故谓解脱事故,以为辞说。

在这里,"故"被训为"事",而李贤等人将《三礼解诂》之"诂"亦训为"事",盖盲目因循之误。

  (10)(吴)恢欲杀青简以写经书,祐谏曰:"今大人踰越五领,远在海滨,其俗诚陋,然旧多珍怪,上为国家所疑,下为权戚所望。此书若成,则载之兼两。昔马援以薏苡兴谤,王阳以衣囊徼名。嫌疑之闲,诚先贤所慎也。"(《吴延史卢赵列传第五十四》)
  李贤注:(望)希望其赠遗也。

  按:李贤注训"望"为"希望其赠遗也",不确。此处"望"宜训为"觊觎""嫉恨"。也有学者认为,"'望'在这儿并无'希望'之义,而当训'恨',即怨恨"②。该例发生的历史背景是吴祐的父亲吴恢任南海太守时,打算杀青简用来

---

① 顾义生:《〈后汉书〉李贤注辨析》,《古籍整理研究学刊》1994年第2期。
② 顾义生:《〈后汉书〉李贤注辨析》,《古籍整理研究学刊》1994年第2期。

写经书,吴祐劝父亲不要这么做。吴祐认为,南方沿海地区自古盛产珍珠等珍宝,历来在此为官的人"上为国家所疑,下为权戚所望",正如当年马援因运回一车薏苡而被诬告贪污,家中清廉的王阳因衣着华丽而被造谣能铸黄金,父亲的著作完成之后必然要用车辆载回,定会惹人耳目,招来不必要的麻烦。由上下文可以推知,"疑"与"望"分别是统治者与权贵们对南方沿海官员的态度,沿海地区物产丰饶,为官者很难摆脱贪腐的嫌疑,统治者对于当地官员能否清廉自持是持怀疑态度的,而贪恋富贵的权贵们对这样的职位自然是非常觊觎的,故而将"望"训为觊觎、嫉恨,与文义更为相符。《后汉书》中也记载了"马援以薏苡兴谤"一事。

> 初,援在交阯,常饵薏苡实,用能轻身省欲,以胜瘴气。南方薏苡实大,援欲以为种,军还,载之一车。时人以为南土珍怪,权贵皆望之。援时方有宠,故莫以闻。及卒后,有上书谮之者,以为前所载还,皆明珠文犀。(《马援列传第十四》)

由上述内容,我们也可以推知"望"有"觊觎""嫉恨"之义。马援平定岭南后,载一车薏苡还朝,人们都以为是南方奇珍,"权贵皆望之",但是马援当时颇得圣心,无人敢跟皇帝乱说,待马援死后,立刻就有人上书,诬告马援之前在岭南搜刮了一车珍稀之物。这里的"权贵皆望之"与例文中的"为权戚所望"所表达的意思相近,马援当时在朝中战功赫赫,地位极高,自然无须靠送礼来巴结权贵,故而将"望"解释为权贵"希望其赠遗"并不合理,而权贵先"望之"后

"谮之"的做法,显然是出于对马援可以获得大批珍宝而自己得不到的嫉恨。古书中亦有类似的训释,如《玉篇·广部》"望"字条下曰:"觊也。"①

(11) 臣每惟贤等拥众四年,未有成功,悬师之费且百亿计,出于平人,回入奸吏。(《皇甫张段列传第五十五》)
李贤注:悬犹停也。

按:李贤注训"悬"为"停",不确。训"悬"为"停"于古无据,此处的"悬"宜训为"距离远"。王先谦《后汉书集解》引文曰:"出师远征,其势悬绝,不能相及,故曰悬师。"②古注中常有"悬"训为"远"的用例。《文选·任彦升〈王文宪集序〉》"悬然天得"吕延济注曰:"悬,远也。"③《文选·陆士衡〈五等诸侯论〉》"固知百世非可悬御"李周翰注曰:"悬,远也。"④再如《晋书·吕隆载记》:"今悬师三千,后无继援,师之难也。"⑤《三国志·魏书九》:"今千里蹈敌,进不能克,退必丧威,且悬师深入,难以持久。"⑥上述两例中的"悬师"均有"孤军远征"之义,"悬师"之"悬"当训为"远"。

---

① (梁)顾野王:《大广益会玉篇》卷29,中华书局1987年版,第132页上栏。
② (清)王先谦:《后汉书集解》卷65,中华书局1984年版,第747页上栏。
③ (梁)萧统编,(唐)李善等注:《六臣注文选》卷46,中华书局2012年版,第881页上栏。
④ (梁)萧统编,(唐)李善等注:《六臣注文选》卷54,中华书局2012年版,第998页下栏。
⑤ (唐)房玄龄等:《晋书》卷122,中华书局1974年版,第3070页。
⑥ (晋)陈寿:《三国志》卷9,陈乃乾校点,中华书局1959年版,第276页。

（12）（董）卓遣将李傕诣坚求和，坚拒不受，进军大谷，距洛九十里。(《董卓列传第六十二》)

李贤注：距，至也。

按：李贤注训"距"为"至"，误也。"距"诚有"至"义。《尚书·益稷》："予决九川，距四海，浚畎浍距川。"孔安国传："距，至也。"① 《史记·苏秦列传》："渡呼沱，涉易水，不至四五日而距国都矣。"② 而例中"距洛九十里"的"距"当训为"去"，意为"相距"。如《国语·周语上》"距今九日，土其俱动"韦昭注："距，去也。"③

（13）臣虽阘茸，名非先贤，蒙被朝恩，负荷重任，职在铁钺，奉辞伐罪，辄与诸将州郡共讨绍等。(《刘虞公孙瓒陶谦列传第六十三》)

李贤注：阘犹下也。茸，细也。

按：李贤注将"阘"与"茸"分训，不确。"阘茸"为并列复合词，常见意义有两个：一是"低劣庸俗"，引申指"低劣庸俗的人或马"；二是"卑微"。文献中多有"阘茸"连用的用例，如《史记·屈贾列传》"阘茸尊显兮，谗谀得志"司马贞索隐引《字林》曰："阘茸，不肖之人。"④《汉

---

① 李学勤主编：《十三经注疏·尚书正义》卷5，北京大学出版社1999年版，第113页。
② （汉）司马迁：《史记》卷69，中华书局1959年版，第2244页。
③ （三国吴）韦昭注：《宋本国语》（一），国家图书馆出版社2017年版，第18页。
④ （汉）司马迁：《史记》卷84，中华书局1959年版，第2493页。

书·贾谊传》"阘茸尊显兮"颜师古注曰:"阘茸,下材不肖之人也。"① 而在《汉书·司马迁传》则载:"不以此时引维纲,尽思虑,今已亏形为埽除之隶,在阘茸之中,乃欲印首信眉,论列是非,不亦轻朝廷,羞当世之士邪!"颜师古注曰:"阘茸,猥贱也。阘,下也。茸,细毛也。言非豪桀也。"② 在颜师古的注文中,首先是将"阘茸"看作一个复合词,解释了其整体词义,然后又进一步解释了词素义。李贤等人的解释盖本于此,却省略了前面重要的内容,将一个复合词误训为了两个单音词。

(14) 董卓无道,陵虐王室,祸加太后,暴及弘农,天子播越,宫庙焚毁,是以豪桀发愤,沛然俱起。(《刘焉袁术吕布列传第六十五》)

李贤注:沛然,自恣纵貌也。

按:此处李贤注训"沛然"为"自恣纵貌",不确。"沛"最初的意思是"盛大貌",最初用来形容雨势或者水量,如《孟子·梁惠王上》:"天油然作云,沛然下雨,则苗浡然兴之矣。"③ 后也可以引申用来形容道德教化,如《孟子·离娄上》:"为政不难,不得罪于巨室。巨室之所慕,一国慕之;一国之所慕,天下慕之。故沛然德教溢乎四海。"④ 由"雨势、

---

① (汉) 班固撰,(唐) 颜师古注:《汉书》卷48,中华书局1962年版,第2223页。
② (汉) 班固撰,(唐) 颜师古注:《汉书》卷62,中华书局1962年版,第2728页。
③ 万丽华、蓝旭译注:《孟子》卷1,中华书局2006年版,第10页。
④ 万丽华、蓝旭译注:《孟子》卷7,中华书局2006年版,第150页。

水量盛大"又引申为"行动或者变化迅速",如《汉书·礼乐志》:"灵之来,神哉沛,先以雨,般裔裔。"颜师古注曰:"沛,疾貌,音补盖反。"① 结合《后汉书》原文语境,"董卓无道"导致当时的社会出现了豪杰之士愤然勃发的情况,"沛然俱起"应当是指各路豪杰崛起非常迅速,势头猛烈,而"恣纵"的意思是"放任",与原文语境不符,将"沛然"译作"行动迅速"则文从字顺。

(15) 中兴后,郑众、贾逵传《毛诗》,后马融作《毛诗传》,郑玄作《毛诗笺》。(《儒林列传第六十九下》)

李贤注:笺,荐也,荐成毛义也。

按:李贤注将"笺"解释为"荐成毛义",不通。"笺,荐也",此为声训。据《广韵》载,"笺"为平声先韵,"荐"为去声霰韵,二字古音相近,而李贤注的解释"荐成毛义",实为牵强之解。根据《说文》的解释,"笺"本义为"表识书也"②,也作"牋",字或从竹,或从木,盖因古代笺牍多以竹或木为之。《尔雅》"臺"条下郭璞注曰:"案笺者,传注之别名也。以《诗》先有毛公作传,郑玄释其未备者。"③ 徐锴《说文解字系传》:"今作牋,于书中有所表记之也。"④ 王观国

---

① (汉)班固撰,(唐)颜师古注:《汉书》卷22,中华书局1962年版,第1052—1053页。

② (汉)许慎:《说文解字校订本》卷5,班吉庆等点校,凤凰出版社2004年版,第128页。

③ 李学勤主编:《十三经注疏·尔雅注疏》卷8,北京大学出版社1999年版,第241页。

④ (南唐)徐锴:《说文解字系传》卷9,中华书局1987年版,第86页下栏。

《学林·故什笺》曰:"郑康成作《毛诗笺》者,盖毛公有不训者,郑氏训之;毛公有训未尽者,郑氏续之;毛公有误训者,郑氏证之。盖以笺牍显出己意,而又不没毛公之学也,故谓之笺。虽若荐成毛义,而笺则非荐也。毛公为北海相有年矣,至郑康成乃以郡人之故,而以笺为敬,此好事者为之辞也。"① 由此可见,"笺"应当是"补充申发"之义。而《说文》曰:"荐,薦席也。"② "荐"表"补充申发"之义于古无据。李贤等人以"荐成毛义"释"笺"字,盖误。

(16) 于是同穴裒褐之域,共川鼻饮之国,莫不祖跣稽颡,失气虏伏。(《文苑列传第七十上》)

李贤注:稽,止也。《方言》曰:"颡,额颡也。"以额至地而稽止也。

按:此处李贤注训"稽"为"止",不确。"稽"字诚有"止"义,但是读音与上面注文的"稽"不同。《说文》曰:"稽,留止也。……古兮切。"③《汉语大词典》"稽"字条下亦有"留止"的义项,读音为"古奚切"④。而李贤注文中的"稽"读音应为"康礼切",并不是"留止"之义,而是"叩

---

① (宋)王观国:《学林》卷1,田瑞娟点校,中华书局1988年版,第6页。
② (汉)许慎:《说文解字校订本》卷1,班吉庆等点校,凤凰出版社2004年版,第24页。
③ (汉)许慎:《说文解字校订本》卷6,班吉庆等点校,凤凰出版社2004年版,第173页。
④ 汉语大词典编辑委员会、汉语大词典编纂处编纂:《汉语大词典》第8卷,汉语大词典出版社2001年版,第119—120页。

头"。李贤等人只注意了字形相同而忽略了读音上的差异。"稽颡"应为同义复词,"稽"和"颡"意义相近,"颡"的意思是"屈膝下拜,以额触地",而"稽"也有"叩头至地"之义。前代古籍中不乏"稽颡"连用的例子。如《荀子·大略》:"平衡曰拜,下衡曰稽首,至地曰稽颡。"①《汉书·李广传》:"若乃免冠徒跣,稽颡请罪,岂朕之指哉!"② 从语法角度来看,"稽颡"应是并列关系。李贤注将"稽颡"解释为"以额至地而稽止也"是错误的,"稽颡"即为"叩头"的意思,不应分训。

(17)岂悟君子,自生怠倦,失恂恂善诱之德,同亡国骄惰之志!(《文苑列传第七十下》)

李贤注:《论语》曰:"夫子恂恂然善诱人。"恂恂,恭顺貌。

按:李贤注训"恂恂"为"恭顺貌",不确。"恂恂"诚有"恭顺"义,如《论语·乡党》:"孔子于乡党,恂恂如也,似不能言者。"陆德明《经典释文》释之曰:"温恭之貌。"③但是若将"恂恂善诱之德"中的"恂恂"理解为"温恭",则文义不通,"温恭"与"善诱"之间没有必然的联系,此处的"恂恂"应理解为"善于诱导的样子"。《集韵·谆韵》

---

① (清)王先谦:《荀子集解》卷19,沈啸寰、王星贤点校,中华书局2016年版,第582页。
② (汉)班固撰,(唐)颜师古注:《汉书》卷54,中华书局1962年版,第2444页。
③ (唐)陆德明:《经典释文》卷24,上海古籍出版社2013年版,第1369页。

"恂"字条下曰:"恂恂,善诱也。"① 《慧琳音义》卷九十三"恂恂"条下注曰:"音巡。恂恂,不倦诱也。"②

(18) 伏惟幕府初开,博选清英,华发旧德,并为元龟。(《文苑列传第七十下》)

李贤注:元龟所以知吉凶。《尚书》曰:"格人元龟。"

按:此处李贤注以"元龟"为"所以知吉凶",不确。"格人元龟"中的"元龟",其词义为"大龟"。《史记·殷本纪》"天既讫我殷命,假人元龟,无敢知吉"裴骃集解引马融曰:"元龟,大龟也,长尺二寸。"③"元龟"的确是用来"知吉凶"的,但是《后汉书》中的"并为元龟"并不是使用"元龟"的本义,而是用了它的比喻义,用来形容可以对国家命运产生重大影响的人,即"谋士"。《晋书·苻坚载记下》:"坚曰:'国有元龟,可以决大谋;朝有公卿,可以定进否。孺子言焉,将为戮也。'"④ 文中的"元龟"与"公卿"对文,"元龟"亦为"谋士"。

(19) 乡族贫者,死亡则为具殡葬,嫠独则助营妻娶。(《独行列传第七十一》)

李贤注:寡妇为嫠,无夫曰独。

---

① (宋)丁度等编:《集韵》(附索引),上海古籍出版社1985年版,第123页。
② 徐时仪校注:《一切经音义三种校本合刊》,上海古籍出版社2008年版,第2095页。
③ (汉)司马迁:《史记》卷3,中华书局1959年版,第107—108页。
④ (唐)房玄龄等:《晋书》卷114,中华书局1974年版,第2914页。

按：李贤注"无夫曰独",误。此处当训为"无妻曰独"。该例中"嫠独"与"妻娶"相对应,若将"独"解释为"无夫",那么就与"寡妇"在意义上产生了重复,且无法与"妻娶"产生对应关系,故而"嫠独则助营妻娶"应理解为,"嫠"者助其"妻"即嫁人,"独"者助其"娶"即娶妻,"独"字应指男子无妻。王先谦《后汉书集解》亦引周寿昌曰："案注'无夫'当作'无妻'。'嫠'即是寡妇,则'独'当属男子言,故为之助营妻娶。《管子》'取鳏寡而和合之。此之谓合独。'即此意也。"[①]

(20) 若然,则虏财贿益增,胆埶益殖,威临南羌,与之交连。(《西域传第七十八》)

李贤注：殖,生也。

按：李贤注训"殖"为"生",不确。"殖"确有"生"义,《汉书·叙传》"譬犹中木之殖山林"颜师古注曰："殖,生也,长也。"[②] 此处的"殖"与"增"对文,训为"增加"或"增长"更为妥帖。

---

① (清)王先谦：《后汉书集解》卷81,中华书局1984年版,第941页下栏。
② (汉)班固撰,(唐)颜师古注：《汉书》卷100,中华书局1962年版,第4228、4230页。

参考文献

工具书类

《尔雅》(附音序、笔画索引),中华书局2016年版。

(宋)陈彭年等编:《宋本广韵·永禄本韵镜》,江苏教育出版社2005年版。

(宋)丁度等编:《集韵》(附索引),上海古籍出版社1985年版。

(清)段玉裁:《说文解字注》,中华书局2013年版。

(梁)顾野王:《大广益会玉篇》,中华书局1987年版。

(梁)顾野王编撰:《原本玉篇残卷》,中华书局1985年版。

(晋)郭璞注,(清)陈玉澍撰:《尔雅郭注二种》(附尔雅释例),广西师范大学出版社2022年版。

汉语大词典编辑委员会、汉语大词典编纂处编纂:《汉语大词典》,汉语大词典出版社2001年版。

(清)胡承珙:《小尔雅义证》,石云孙校点,黄山书社2011年版。

李学勤主编:《十三经注疏·尔雅注疏》,北京大学出版社

1999 年版。

（汉）刘熙：《释名》（附音序、笔画索引），中华书局 2016 年版。

（清）王念孙：《广雅疏证》（点校本），张其昀点校，中华书局 2019 年版。

（清）王引之：《经传释词》，岳麓书社 1985 年版。

（南唐）徐锴：《说文解字系传》，中华书局 1987 年版。

（汉）许慎：《说文解字校订本》，班吉庆等点校，凤凰出版社 2004 年版。

（汉）扬雄撰，（晋）郭璞注：《方言》（附音序、笔画索引），中华书局 2016 年版。

（清）朱骏声：《说文通训定声》（附音序、笔画、四角号码检字），中华书局 2016 年版。

宗福邦等编：《故训汇纂》，商务印书馆 2003 年版。

典籍类

《景刊唐开成石经》（附贾刻孟子严氏校文），中华书局 1997 年版。

（汉）班固撰，（唐）颜师古注：《汉书》，中华书局 1962 年版。

（晋）陈寿：《三国志》，陈乃乾校点，中华书局 1959 年版。

（清）戴震：《孟子字义疏证》，何文光整理，中华书局 1982 年版。

（南朝宋）范晔撰，（唐）李贤等注：《后汉书》，中华书局 1965 年版。

（南朝宋）范晔撰，（唐）李贤等注：《后汉书》，中华书局

2012年版。

（唐）房玄龄等：《晋书》，中华书局1974年版。

（汉）高诱注：《淮南子注》，上海书店1986年版。

（晋）郭象注，（唐）成玄英疏：《庄子注疏》，黄础基、黄兰发点校，中华书局2011年版。

（唐）韩愈：《韩愈全集》，钱仲联、马茂元校点，上海古籍出版社1997年版。

（清）郝懿行：《尔雅义疏》，王其和等点校，中华书局2017年版。

（汉）河上公注，（汉）严遵指归，（三国）王弼注：《老子》，刘思禾校点，上海古籍出版社2013年版。

（清）洪亮吉：《春秋左传诂》，李解民点校，中华书局1987年版。

（汉）桓宽撰，（明）张之象注：《盐铁论》，上海古籍出版社1990年版。

（元）李治：《敬斋古今黈》，刘德权点校，中华书局1995年版。

（清）刘宝楠：《论语正义》，高流水点校，中华书局1990年版。

（清）刘心源：《奇觚室吉金文述》，朝华出版社2018年版。

（后晋）刘昫等：《旧唐书》，中华书局1975年版。

（唐）陆德明：《经典释文》，上海古籍出版社2013年版。

（宋）欧阳修、（宋）宋祁：《新唐书》，中华书局1975年版。

彭庆生校注：《陈子昂集校注》，黄山书社2015年版。

（汉）司马迁：《史记》，中华书局1959年版。

（清）孙星衍、（清）黄以周校：《晏子春秋》，上海古籍出版社1989年版。

（清）孙诒让：《墨子间诂》，孙启治点校，中华书局2017年版。

万丽华、蓝旭译注：《孟子》，中华书局2006年版。

（宋）王观国：《学林》，田瑞娟点校，中华书局1988年版。

（清）王聘珍：《大戴礼记解诂》，王文锦点校，中华书局1983年版。

王启兴主编：《校编全唐诗》，湖北人民出版社2001年版。

（清）王先谦：《后汉书集解》，中华书局1984年版。

（清）王先谦：《荀子集解》，沈啸寰、王星贤点校，中华书局2016年版。

（三国吴）韦昭注：《宋本国语》，国家图书馆出版社2017年版。

（梁）萧统编，（唐）李善等注：《六臣注文选》，中华书局2012年版。

徐时仪校注：《一切经音义三种校本合刊》，上海古籍出版社2008年版。

（北齐）颜之推：《颜氏家训》，中国书店2019年版。

杨坚点校：《吕氏春秋·淮南子》，岳麓书社2006年版。

论著类

陈垣：《校勘学释例》，中华书局2016年版。

曹金华：《后汉书稽疑》，中华书局2014年版。

郭在贻：《训诂学》（修订本），中华书局2005年版。

洪诚：《训诂学》，江苏古籍出版社1984年版。

何九盈：《中国古代语言学史》，广东教育出版社2000年版。

黄侃述，黄焯编：《文字声韵训诂笔记》，武汉大学出版社 2013 年版。

陆宗达：《训诂简论》，北京出版社 1980 年版。

裘锡圭：《文字学概要》，商务印书馆 1988 年版。

孙良明：《中国古代语法学探究》（增订本），商务印书馆 2005 年版。

吴庆峰：《训诂学新篇》，中华书局 2020 年版。

吴庆峰：《音韵训诂研究》，齐鲁书社 2002 年版。

徐复：《后读书杂志》，上海古籍出版社 1996 年版。

杨琳：《训诂方法新探》，商务印书馆 2011 年版。

杨小平：《〈后汉书〉语言研究》，巴蜀书社 2004 年版。

周大璞主编：《训诂学初稿》，武汉大学出版社 1987 年版。

赵振铎：《训诂学纲要》（修订本），巴蜀书社 2003 年版。

期刊论文类

曹金华：《〈后汉书〉及注校勘拾遗（一）》，《江海学刊》2004 年第 1 期。

曹金华：《〈后汉书〉及注校勘拾遗（二）》，《江海学刊》2004 年第 2 期。

曹金华：《〈后汉书〉及注校勘拾遗（三）》，《江海学刊》2004 年第 3 期。

曹金华：《〈后汉书〉及注校勘拾遗（四）》，《江海学刊》2004 年第 4 期。

曹金华：《〈后汉书〉及注校勘拾遗（五）》，《江海学刊》2004 年第 5 期。

曹金华：《〈后汉书〉及注校勘拾遗（六）》，《江海学刊》2004年第6期。

曹金华：《〈后汉书〉及注校勘拾遗（七）》，《江海学刊》2005年第1期。

曹金华：《〈后汉书〉及注校勘拾遗（八）》，《江海学刊》2005年第2期。

曹金华：《〈后汉书〉及注校勘拾遗（九）》，《江海学刊》2005年第3期。

曹金华：《〈后汉书〉及注校勘拾遗（十）》，《江海学刊》2005年第4期。

曹金华：《〈后汉书〉及注校勘拾遗（十一）》，《江海学刊》2005年第5期。

陈敏祥：《〈后汉书〉李贤注札记十则》，《湖州师范学院学报》2006年第6期。

邓军、李萍：《〈八家后汉书辑注〉校勘数则》，《江海学刊》2002年第6期。

高明：《〈后汉书〉李贤注引〈说文〉考》，《南京师范大学文学院学报》2009年第4期。

顾义生：《〈后汉书〉李贤注辨析》，《古籍整理研究学刊》1994年第2期。

顾义生：《〈后汉书〉札记》，《古汉语研究》1994年第3期。

胡爱英：《〈八家后汉书辑注〉辨疑》，《西南交通大学学报》（社会科学版）2003年第4期。

胡爱英：《〈八家后汉书辑注〉校雠数则》，《徐州工程学院学报》2007年第11期。

洪海安：《章注〈后汉书〉的历史贡献》，《社会科学家》2009年第 5 期。

力之：《〈史记〉、〈汉书〉、〈后汉书〉注札记》，《内蒙古师大学报》（哲学社会科学版）1999 年第 1 期。

孙良明：《李贤〈后汉书注〉中的语法分析》，《贵州大学学报》（社会科学版）2004 年第 4 期。

孙玉文：《李贤〈后汉书音注〉的音系研究（上）》，《湖北大学学报》（哲学社会科学版）1993 年第 5 期。

孙玉文：《李贤〈后汉书音注〉的音系研究（下）》，《湖北大学学报》（哲学社会科学版）1993 年第 6 期。

王云路：《中古汉语词汇研究综述》，《古汉语研究》2003 年第 2 期。

尉侯凯：《〈后汉书〉注考校》，杜泽逊主编《国学季刊》第四期，山东人民出版社 2016 年版。

徐前师：《〈史记〉〈后汉书〉注引〈说文〉琐议》，《云梦学刊》2006 年第 1 期。

谢强：《李贤注〈后汉书〉的学术与政治因素》，《科教文汇》2019 年第 19 期。

杨柳：《〈后汉书〉李贤注所反映的古代文字》，复旦大学汉语言文字学科《语言研究集刊》编委会编《语言研究集刊》第六辑，上海辞书出版社 2009 年版。

游尚功、廖廷章：《李贤〈后汉书〉注声类考》，《贵州教育学院学报》（社会科学版）1994 年第 2 期。

周晓瑜：《李贤注〈后汉书〉起讫时间考》，《文史哲》1991 年第 5 期。

周晓瑜:《李贤〈后汉书注〉评议》,《吉林大学社会科学学报》1992 年第 4 期。

学位论文

陈敏祥:《〈后汉书〉李贤注商榷》,硕士学位论文,湖南师范大学,2007 年。

刘萃峰:《〈后汉书〉李贤注所见唐代州县辑考》,硕士学位论文,南京大学,2014 年。

汪嘉琦:《〈后汉书〉李贤注引〈诗〉考》,硕士学位论文,浙江大学,2014 年。

尉侯凯:《后汉书注引经考》,硕士学位论文,华中师范大学,2013 年。

杨柳:《〈后汉书〉李贤注文字训诂研究》,硕士学位论文,复旦大学,2008 年。